por
Gasparetto

Calunga

Tudo
pelo melhor

© 1997 por Luiz Antonio Gasparetto

Projeto e coordenação: Luiz Antonio Gasparetto
Capa: Kátia Cabello
Foto quarta capa: Renato Cirone
Revisão e Editoração eletrônica: José Carlos de Pinho
Transcrição do texto: Lizete Benetuze

1ª edição — 9ª impressão
2.000 exemplares — agosto 2020
Tiragem total: 68.000 exemplares

Dados Internacionais de Catalogação na Publicação (CIP)
(Câmara Brasileira do Livro, SP, Brasil)

Calunga (Espírito).
Calunga : tudo pelo melhor / psicografado por Luiz Gasparetto
. -- São Paulo : Centro de Estudos Vida & Consciência Editora, 2011.

ISBN 978-85-85872-38-0

1. Calunga (Espírito) 2. Espiritismo 3. Psicografia
I. Gasparetto. II. Título.

11-00408   CDD-133.93

Índices para catálogo sistemático:
1. Mensagens psicografadas : Espiritismo 133.93

Todos os direitos reservados. Nenhuma parte desta edição pode ser utilizada ou reproduzida, por qualquer forma ou meio, seja ele mecânico ou eletrônico, fotocópia, gravação etc., tampouco apropriada ou estocada em sistema de banco de dados, sem a expressa autorização da editora (Lei nº 5.988, de 14/12/1973).

Este livro adota as regras do novo acordo ortográfico (2009).

Editora Vida & Consciência
Rua das Oiticicas, 75 – Parque Jabaquara – São Paulo – SP – Brasil
CEP 04346-090
editora@vidaeconsciencia.com.br
www.vidaeconsciencia.com.br

Se não é pelo coração, ninguém vai não...

Agradecemos de coração.

Ajuda é indispensável.

Lizete Benetuze,

Leila Alexandre,

Mirian Morato,

Rádio Mundial.

Nada se faz sozinho.

Nada se faz.

É a Vida que faz tudo em nós.

Gasparetto

Sumário

...faça de hoje seu dia de libertação ... 9
...só se é o que se é ... 20
...o bem é a maior defesa ... 25
...você é a porta para o bem ou para o mal ... 30
...se tem conseqüências, tem causas ... 33
...a vida é renovação ... 37
...louvação à paz ... 44
...quem não planta também não colhe ... 53
...o que você crê torna-se realidade ... 59
...mexa-se!. ... 69
...como fazer uma boa limpeza mental ... 80
...se não usar seus talentos, você encrenca com a natureza ... 83
...para conseguir a paz, você tem que fazer a guerra? ... 86
...ninguém vai para a frente sem beneficiar os outros ... 89
...mude que assim você muda o mundo ... 91
...a vida fala em cada experiência ... 95
...o médium e o espírito que fala ... 98
...você é escravo da vaidade? ... 101
...energia ... 108
O remédio do bem se pode tomar, que não há contra-indicação. E diga-se de passagem: Ele cura qualquer mal! ... 119
...tudo Deus traz na mão ... 129
...responsabilidade é poder, não obrigação ... 132
...perdoar é reconhecer nossas faltas ... 134

...só há recuperação se o ser humano for atingido na sua essência 137
...ser normal não é natural 147
...o único lado para ficar é o da sua alma.......... 152
...assim como o amor, o ódio também une.......... 155
...só se vê a Deus com os olhos da alma.......... 157
...o destino é modificável....................... 161
...o inocente é sempre protegido................. 163
...o controle tem sua arte 164
...quando chegar a hora, vem.................... 167
...caridade é a disposição para o bem 169
...todo mundo é gente.......................... 181
...é a energia que encanta 186
...temos carência de bons olhos sobre nós 187
...se ligue no coração 191
...regra é para quem não tem bom senso........... 194
...sem sentimento de fraternidade não há pátria 196
...o sofrimento acusa o desrespeito 198
...seu compromisso é só com a própria natureza.... 202
...a vida é só chance e oportunidade 204
...sem mudança interior, não há melhora 207
...ninguém pode se pôr no lugar do outro........... 210
...está certo do jeito que você é 213
...mãe é espelho de Deus....................... 216
...sem amor, não há vida que preste.............. 219
...ofereça a sua vida a você 226
...valorizar-se................................ 231
...mediunidade é dom de Deus.................. 235
...seu poder de escolha........................ 238
...para sair do mais, só sendo menos............. 242
...tudo pelo melhor............................ 245

...faça de hoje
seu dia de libertação

Na vida, está tudo bom, de verdade, para quem quer crer nisso. Quem quer ficar bem procura uma maneira e sempre encontra, porque a vida é muito generosa. A gente começa a dizer "Está tudo bem". Vai se impressionando, entrando nisso e vai ficando bem. Se eu digo "Está tudo bom" e você fala "Não está, não!", você está confirmando a maldade na sua vida, está reforçando o mal e está perpetuando esse tipo de situação em você. Pois, enquanto você não mudar por dentro, na sua atitude, as coisas de fora não vão mudar.

Se o princípio é esse, então, que seja hoje o seu início no bem, dizendo "Está tudo bem! Tem que estar bom mesmo, porque eu estou no bem, porque eu sou bom e mais nada me interessa neste mundo. Só me interessa a beleza, as coisas boas e fáceis; só me interessa o que é bom, pois, de resto, não me impressiona a loucura do mundo, o que o mundo está acreditando, vivendo, realizando. O mundo está na confusão, mas tem gente que está que nem eu. Está tudo bem, está no bem e está indo para a frente com saúde, com amor, com dinheiro, com oportunidades, com tudo, enfim. Portanto, estou começando hoje um mundo novo".

Podemos transformar esse momento em algo verdadeiramente especial! Em um momento em que você inventa ser especial. Ah, inventei que neste momento agora a minha vida vai virar inteirinha de ponta-cabeça. Também tudo é inventado. Como eu sou Deus e como sou criador também, então estou criando um momento novo. O meu momento agora é significativo. Eu invento a vida, invento esse momento do meu renascimento, da grande virada da minha vida. Eu estou virando. Olha, não aceito mais sofrimento nenhum, nenhum, nenhum.

Tudo o que é sofrimento vem das minhas crenças negativas, vem das bobagens em que acreditei. Então, não dou mais força para bobagem nenhuma, para as besteiras do mundo, de ficar me defendendo. Só se defende quem tem o rabo preso e eu não tenho mais rabo preso nenhum, porque não estou pensando em nenhuma besteira. Agora vou ficar só no bem. Agora estou tomando esta atitude. Amanhã é amanhã, sei lá do amanhã. Não quero me amedrontar com o tempo, porque sou eterno. Estou corajoso, estou firme!

Olhe, minha gente, se não há felicidade, não vale a pena viver. Vocês se prendem muito às coisas em que acreditam.

— Ah, porque eu tenho a família, porque tenho os filhos para criar, tenho a casa para sustentar, tenho esse ou aquele problema. Porque não sou muito bonita, porque não sou inteligente, porque não sou perfeita.

E vocês ficam se prendendo a essas ideias. As ideias mórbidas são seus fantasmas interiores contra os quais você luta. Então a sua cadeia está na cabeça, é a cadeia mental. Nada o prende, você que acredita que é assim. Não tem nada preso. Cada momento pode ser um momento de renascimento, desde que você queira, desde que tenha se cansado de acreditar em besteiras:

— Agora chega, meu Deus! Não aguento mais! Já nem é mais com ódio, porque não tenho mais força para odiar, de tão cansado que estou. É que estou mesmo de saco cheio! Ah, como é bom quando o saco encheu de vez, porque não dá para encher mais. Então, está na hora de

largar esse saco por aí. Vamos largar, não vamos mais carregar esse saco pesado nas costas, não vou mais carregar de jeito nenhum. E, aí, você faz o seu dia de renascimento. Cada um faz o dia que quer. Claro que muita gente espera encher o saco, ficar pesado e machucar as costas, arrebentar, desconsolar, morrer, vir para este mundo em que eu estou para depois dizer:
— Besteira. Em quanta besteira eu acreditei! Que pamonha que fui a vida toda, correndo atrás de umas mentiras, porque tinha que aguentar fulano como era, porque tinha que me sacrificar por sicrano com esse meu complexo de santo e de herói. Aí então, no sacrifício e na dor, matei o meu espírito, me machuquei, me sufoquei e acabei na miséria da perdição do inferno que eu criei.
 Não quero que você chegue aqui assim, não, pelo amor de Deus! Aqui já tem problemas demais. Me poupe de você desencarnar do jeito que está. Poupe nosso serviço. Vocês não me venham com essas caras de coitados, de acabados, de anulados, sem alegria, porque precisamos aqui de gente trabalhadora, de gente boa. Não me chegue com aquela cara de desgraçado dolorido coberto de perturbações e a gente aqui fica aguentando, corre daqui, corre de lá. Mas não vou ficar correndo atrás de ninguém, não, porque a gente lava as mãos. A pessoa também não reage, fica só nas coisas ruins. Acho que ainda não cansou. Os espíritos aqui dizem:
— Não adianta. Enquanto não amadurecer o fruto, não vá comer. Vai amarrar na boca, vai pegar. Está verde, dá dor de barriga. Calunga, deixe chorar e gritar, porque o fruto ainda não está maduro. Quando estiver maduro, está quase caindo, aí é bom. Se o fruto não está maduro, não adianta correr atrás. Vamos para outra árvore, que tenha fruto melhor para alimentar quem queira mudar.
 Olhe, minha gente, não tenha ilusão com a morte, não. Vocês têm tanta ilusão com a vida como têm com a morte. Pensam que morrem e descansam. Descansam nada. Vocês vão ver que agonia, que aflição que é morrer e vir para esta dimensão todo compromissado consigo. Claro que é compromissado consigo, porque não fez o seu

melhor. É você mesmo que se põe no sofrimento e é você mesmo quem se tira de lá. Ajuda nunca faltou, nem nunca vai faltar. Mas há ajuda para quem é "ajudável". Será que você é "ajudável"?

Estou falando com o meu coração, com a minha boa vontade para que você desperte, acorde e diga:
— Chega, Calunga, você tem razão. Vou fazer de hoje o meu dia de libertação. Acabou! Chega de besteira, nada me prende, não me seguro mais. Vou fazer o que gosto na vida. Vou largar tudo o que eu não gosto, tudo. Não tenho medo de nada, não tenho arrependimento de nada. Não me importo com o que esse povo fala. Que fale, que grite. Não me impressiona, porque sou dono de mim. Vou fazer o que eu quero, o que eu gosto. Vou me dar alegria, prazer de viver, vou cuidar bem de mim. Vou fazer só o que gosto. Não tem medo nenhum que me segure. O Universo vai me dar muito, porque eu estou me dando muito. Eu estou é com o Universo, não estou com as bobagens desse mundo. Chega de ser pamonha. Não aguento nada, não! Nem comece, porque hoje eu não aguento!

Vá avisando os parentes:
— Olhe, renasci. Hoje não aguento mais nada. Não me encha o saco, porque não tenho mais saco para encher. Estou avisando, pode gritar que sou insensível, que sou malvado, que sou tudo. Não me impressiono com crítica. Você quer ir embora? Vá, porque não serve para mim. Vá com Deus, coração!

Eu falo:
— Ei, paixão. Vai, paixão, vai viver a sua vida do seu jeito que eu vou viver do meu. Gostou, gostou. Não gostou, vá lamber sabão, porque eu sou assim.

Sou petulante, mesmo. Por que vou me rebaixar? Cansei de me rebaixar e sofrer. Não fiz nada de bom para mim e nem fiz nada de bom para ninguém. Uma pessoa abaixada, sofrida, triste, magoada pode fazer alguma coisa de bom? Pode nada! Só pode atormentar a vida dos outros com essa energia ruim que tem. Por isso, quero dizer para você: nesta vida — ou em qualquer outra, não interessa —, o que precisa fazer com você vai ter que fazer seja hoje,

amanhã ou qualquer dia, porque a vida sempre vence. E é tudo igual.
 Se você não está boa aí e morreu, vai continuar ruim. Se está boa aí e morreu, vai continuar boa. Essa é a grande verdade. Não vou tapear ninguém, não. Sou um defunto consciente. Quero deixar bem claro que estou dando o meu testemunho de desencarnado, de que nada muda. Nada, nada, nada muda com a morte! Você criou o mundo que está aí para você viver. E quando vier para cá vai viver no mesmo mundo, só que dez vezes mais intenso.
 Pois o seu mundo interior cria o mundo exterior. E você vai viver do que criou. Só que fora da matéria tudo é mais intenso e o seu poder criador é também maior.
 Não se iluda de achar que Deus está preocupado com você, porque Ele não se preocupa com ninguém.

Deus não se preocupa,
Deus não pensa em você,
Deus não ajuda,
Deus não testa,
Deus não culpa ou condena,
Deus não perdoa,
Deus não faz nada.
Quem faz é você com o poder que
Ele já lhe deu.
Ele só faz através do que você se faz.
Você é o chefe!

Ele já deu tudo para você, está dando constantemente. É você que não toma a decisão. É você que não quer parar para olhar os poderes que tem, as suas responsabilidades. Se você não usa e quer ficar cego, Deus deixa até desgastar. E quando desgasta, você, no sofrimento, acorda, olha e vai para a frente. Agora, se você é mais sofridinha, se é mais sofridinho, meu amigo, então está mais descolado e vai dizer:

— Epa, o Calunga está querendo me avisar alguma coisa. Ele é defunto, ele sabe. Está vendo o que é verdadeiro e o que é ilusão com mais facilidade, então, está me dizendo: "Olha, homem de Deus, vamos ser felizes a qualquer preço, porque senão não vale a pena. É claro que não estou querendo fazer nenhuma maldade no mundo. Mas fazer o que eu gosto é fazer o que eu gosto e não o que a minha ilusão quer. É fazer o que o meu coração quer, o que me dá grandeza, beleza, força, é o grande bem em mim. E, para ser bom, o homem tem que ser livre. Mas, para você ser livre, precisa se libertar da própria ignorância, se libertar da sua negatividade, se libertar desses condicionamentos morais de falsos valores que você herdou. Precisa discernir mais e julgar menos, ver bem clarinho: 'Não quero mais isso, não. Está me fazendo mal, está doendo. Então, vou largar, mas o que vou largar? As preocupações da vida. Ah, vou largar, porque a preocupação só dá dor. Não me preocupo mais com nada' ".

Vocês, porém, têm esses condicionamentos que ficam falando na cabeça: "Olha, cuidado!" Então é melhor dizer:

— Eu não quero saber dessas besteiras, de que vou errar. Vou errar nada. Vou fazer o que sei, e o que não sei não faço. E tem mais: se errar é porque estou aprendendo. Não quero ficar com essas porcarias todas de mimo, de superproteção e não aprender nada, ficar feito um burro, um pamonhão, um bestão na vida. Vou meter a cara do meu jeito, tomar um tombinho daqui, uma raladinha dali. Passo remedinho e sara, porque eu não vou mais aguentar essa situação de jeito nenhum.

Ah, como é bom o ser que fica determinado pelo sofrimento. Ó santo sofrimento! Eh, Deus, como você é certo, não? Fez tudo certinho, certinho, certinho. Bendito sofrimento! Bendita revolta! Ah, como gosto de gente revoltada:
— Não sou conformada, não, Calunga. Sou desconformada! Eu estou muito na revolta. Precisa se fazer alguma coisa.
Olha que coisa boa! Também você tem que orientar bem essa sua revolta. Não vá agora culpar o mundo, brigar com um, brigar com outro, porque também não vai resolver, não vai. Deus deu a revolta para servir para alguma coisa e eu acredito que Deus é justo, é certo em tudo. Então, se Ele deu a revolta, está querendo que a gente use bem. Como é esse negócio? Bater em você, culpar os outros, agredir? Ah, não! Isso não vai levar a nada, porque a gente já fez. Botar a culpa nos outros não tira a gente da situação. Bater na gente só faz sofrer ainda mais com culpa, com autoflagelação. Também não resolve nada. Sacrifício, minha gente? Nunca salvou ninguém, só piorou. Então, vou usar essa minha revolta para o bem. Alguma coisa tem que mudar. Eu vou mudar, mas vou mudar alguma coisa em mim, porque chega de eu criar — eu disse — eu criar esse sofrimento.
Então, eu vou aprender, porque o Universo sempre dá tudo o que eu quero. E eu quero aprender, quero ver. Ó Universo, eu quero ver onde estou errando. Me mostre porque estou aberto, porque quero consertar isso. Chega! O que eu preciso fazer, vou fazer. Vou largar esses medos todos e vou fazer. Vou sair por esse mundão afora e não quero mais saber de amolação, de gente em volta de mim, me enchendo a paciência, porque anulo tudo. Não venha se queixar, não venha reclamar de mim, não, porque não escuto mais nada, estou muito louco. Se não gostou, vá lamber sabão. Faça o melhor para você, o que realmente o faz se sentir bem. Essa é uma boa resposta.
— Ah, Calunga, mas isso é tão agressivo, é tão sem educação.
— Uai, e eu lá quero ter educação e sofrer, dar liberdade para os outros terem esse espaço na minha vida? A

menos que você tenha outro tipo de sentimento, se puder levar os outros na conversa, então leve. Agora, se não puder, use o que tem, use a revolta:

— Ah, não tolero mais e chega! Vou anular isso em mim. Os outros podem falar, porque a boca é deles, mas eu vou anular. Os outros em volta ficam fazendo aquele dramalhão e você fica só sentadinha na almofada azul, de veludo, pensando:

— É tudo besteira desse povo, é tudo bobagem desse povo. Eu sou eu, vou para onde eu quero, faço o que eu quero. Esse povo pode berrar, que não me impressiona.

Você fica sentadinha na almofada, só gozando o poder de não deixar ninguém impressioná-la, bem marruda. Gosto de mulher marruda, de homem marrudo, mas inteligente, porque não pode ser burro. Marrudez com ignorância vira agressividade e só gera agressividade. Mas eu não quero isso, não. Quero anular o poder desse povo sobre mim. Ninguém tem poder sobre mim. Ninguém manda em mim, só faço o que eu quero mesmo, quem responde por mim sou eu. Não respondo por ninguém, não me justifico para ninguém. O "mim" é que é importante. Quem paga as minhas contas sou eu, quem paga o preço do que eu fizer sou eu, então vou responder para mim, não vou responder para ninguém. Que se dane! Cada um que aprenda a ficar dentro de si, porque eu já estou dentro de mim e não me incomodo com ninguém. Se os outros não querem mudar, o azar é deles, porque eu mudei.

Ah, bendita hora em que você fizer isso! É a libertação, é a empolgação de viver. As coisas não nos afetam mais e a gente vai ficando entusiasmado. E quer fazer isso, quer fazer aquilo, vai daqui e vai dali. Às vezes, dá uma fraquejadinha, mas também não faz mal dar uma fraquejadinha, porque o propósito é muito forte e logo a gente pega de novo a nossa causa e vai em frente. Pois todo mundo tem uma causa na vida. Uma causa é uma conquista que a gente quer. E a conquista do poder interior, a conquista do equilíbrio, da impressão, a conquista do domínio da própria vontade, da força que se dá a si mesmo, do bem que se quer são muito fortes. É a causa da maioria

das pessoas encarnadas ou mesmo desencarnadas, porque morreu, mas continua tentando o que não pôde ter.
A vida, seja na matéria ou fora dela, é rica e estimulante no que diz respeito à conquista de cada um.
No mundo, porém, você só tem que conquistar a si mesmo, não conquista ninguém.

Conquistar os outros não é tão importante, o que importa é conquistar você.

Cada um deverá conquistar a si mesmo e mudar a si mesmo. Pois ninguém muda ninguém, não é verdade? Cada um tem responsabilidade diante de si. Não importa se, às vezes, a pessoa parece inocente, imatura, porque a vida ensina como tem ensinado você. A gente está confiando, portanto, na grande professora que é a vida. E se ela é uma grande professora que cuida de todos, não é você quem tem que se responsabilizar pela vida de ninguém: nem de filho, nem de marido, nem de mãe, nem de pai, nem de pobre, nem de rico, nem de nada. Nós não temos responsabilidade sobre a vida de ninguém. Quando alguém procura a nossa ajuda, a gente dispõe do que tem. Serviu, serviu. Se não serviu, paciência, vá procurar outro. Porque eu sou o que sou e dou o que tenho.

Dizer para dar o que você tem é na verdade dar somente o que gosta de dar. Não gosto de lidar com tal coisa, então não lido. Sou só bom no que sou. O bem em mim é o que eu faço com prazer e não com sacrifícios. Eu sou bom aqui, como Calunga, para dar esse empurrão nas pessoas. Gosto da alegria, do bem. Dou esse empurrão. Claro que dou, mas se a pessoa quer aceitar ou não, não é mais do meu domínio. A gente respeita a individualidade de cada um e se reserva as próprias forças para aquilo que a vida exige de nós para conosco. Então, cumpra a responsabilidade diante de si — a grande e a primeira responsabilidade de qualquer ser é diante de si — porque só mesmo o si tem acesso ao mundo interior. Então, a grande responsabilidade primeira é com você, e, se as coisas não vão bem, você é o responsável.

Se acordar para isso, não há quem o segure, porque, se você não se segura, quem vai segurá-lo? E a gente se segura, segurando-se nos problemas dos outros. A vida só faz o que você quer. Se você abriu, ela abriu. Se você fechou, ela fechou. Se deu, ela deu. Se tirou, ela tirou. Se você foi para a falta, faltou. E assim vai, minha gente.

Hoje é o dia que você vai escolher para dar a sua grande virada. Essas palavras não estão na sua vida hoje por acaso. Elas são um chamamento às suas preces, à sua vontade de crescer, de melhorar. A sua própria força de melhora atraiu essas palavras para você e eu sou apenas um humilde representante dessa grande força em nós, que está servindo de canal para lhe dizer: "Acorde, homem! Hoje é o dia de você virar a mesa".

Hoje vai ser o grande dia D, o dia da mudança, o dia em que você deixou de ser pamonha, tonto, cheio de piedade, cheio de submissão, cheio de sacrifício, de crenças negativas em nome da autodefesa, de medo, cheio de coitadinho, cheio dessas coisinhas de mimado, de ficar se protegendo feito uma criança tonta, debilóide. Liberte o seu espírito para fazer o que você gosta, para se tornar adulto, forte. Você também pode ser feliz!

O mal está na cabeça e é você que o mantém ali. O mal está na maneira de ver e não nas coisas vistas. Se você vê com o mal, o seu corpo reage criando o mal-estar avisando que o pensamento é inadequado. E se você insiste em crer nele, ele se tornará sólido e real em sua vida.

Vá, que o Universo vai consigo, minha filha. Largue o mal da cabeça, que o bem vai com você. Largue as dores e as feridas do passado, as coisas mal resolvidas. Olhe para dentro de você e perceba quantos ferimentos você guarda da época em que não se amava e não se tratava bem e atraía para você uma porção de coisas ruins: gente que não a tratou bem, gente que a desrespeitou, gente que a humilhou, gente que a desprezou, gente que a feriu e tripudiou em cima do seu fracasso. Isso estava de acordo com a sua cabeça da época, os pais, os professores, os amigos, tudo estava de acordo com a sua cabeça. Você não tinha essa dignidade para consigo. Você se submetia, dava muito poder ao que as pessoas falavam, se impressionava, se judiava, queria se vingar, porque estava ferida e você se fechou, se negou, dizendo:

— Não, não vou mais, nunca mais. Agora, vou fazer isso, fazer aquilo, porque onde já se viu...

E foi se fechando, se negando. Aquelas marcas e feridas que podem virar purgação, que podem virar doença foram ficando dentro de você. Mas neste dia que você escolheu para ser o seu dia especial, nós que fizemos esse dia juntos na amizade que nos une como seres humanos, eternos, vamos passar para uma outra coisa. Vamos virar a página do livro? Vamos dizer:

— Tudo aquilo que passei, fui eu que criei com a cabeça que tinha. Foi válido porque correspondia à minha própria ignorância. Sempre me anulei, me fechei, me escondi, temi o mundo, temi as pessoas. Sempre esperei muita coisa boa dos outros e nunca fiz muita coisa boa comigo. Então, colhi o que plantei. Venho fazendo isso quem sabe há muitas vidas na ignorância da verdade, aprendendo, através do sofrimento, a superar as ilusões e a descobrir os poderes que há em mim. Então, neste dia que estou virando a mesa, estou dizendo para mim, mas mais que dizendo, estou assumindo uma atitude: a de que o passado não tem mais força sobre mim, porque estou mudando em mim.

Quando eu mudo em mim,
o mundo muda para mim.

Essa é a chave da importância de tudo.

...só se é o que se é

O que é bom numa época não é em outra. Ou o que era mau numa época pode não ser em outra. O homem primitivo tinha uma outra noção de bem. Hoje, aquele bem do passado tornou-se um bem menor, o bem inadequado que se chama de mal ou bem menor. É um bem em que há mais ilusão, mais ignorância, enquanto no Bem Maior há mais consciência, as coisas são mais práticas e dão sempre melhores resultados.

Vamos, então, abraçando o nosso Bem Maior sem nos deixar acanhar pelos velhos pensamentos, pelo medo de assumir novas posições, novos valores, porque não vamos mais nos submeter aos medos, como temos feito até hoje. Nem nos submeter às crendices e às catástrofes, porque o Universo nos apoia incessantemente em tudo aquilo que fizermos. Se fizermos coisas ruins, vamos colher o ruim. Se fizermos coisas boas, vamos colher o bem. E não importa se no bem ou no mal, o Universo sempre nos apoia. Deus não escolhe, Deus não decide. Na verdade, quem decide é você. O apoio é sempre o mesmo, é sempre igual.

O que você assume, a vida assume. Se apoiou o medo, as negatividades, vai viver as negatividades. Se apoiou o rancor, os ressentimentos do passado, sem entender que foi você mesmo que causou tudo aquilo, continuando na posição de vítima e alimentando o ressentimento interior e se ainda hoje apoia isso, as dores e as feridas interiores acabarão por se somatizar em doenças físicas. Passará, então, por problemas graves na vida, os mesmos que você criou. Pois o Universo apoia o que você apoia. Mas se você mudou, se fez do dia de hoje o grande dia da sua vida, se fez desse nosso encontro algo muito especial, então já pode dizer:

— O passado não tem mais forças sobre mim. Assumo esse passado que criei; assumo que atraí essas pessoas para mim; assumo que me inferiorizei; assumo que me impressionei com o que as pessoas disseram e assumo que tudo isso aconteceu, porque dei licença e dei condição. Ignorando isso ou não, fui eu que dei. Inocente ou não, fui eu que dei. Portanto, como fui eu que dei, continua sendo eu que dou e quero ter uma nova leitura desse meu passado. Isso porque eu não me dava a dignidade de me apoiar e de me sustentar, de sustentar esse grande bem em mim, mas hoje, neste dia de libertação, declaro que só o bem tem forças sobre mim, só o bem é a verdade, só o bem vai se tornar realidade, porque estou no Bem Interior. Um bem que é exatamente o que me faz sentir bem.

— Vamos, minha filha, largue essa vida toda, essas pessoas que não mais lhe interessam. Largue essas atividades que não têm mais nada a ver com você, que não fazem vibrar o seu coração. Pois a vida boa é a que faz vibrar o seu coração, que a faz acordar com prazer:

— Ah, vou lá, vou trabalhar naquele lugar. Que coisa boa! Gosto de ir lá, gosto do que eu faço. Ah, vou encontrar com tal pessoa, que é maravilhosa. Ah, está tudo bom na minha vida!

É só assim que vale a pena viver para ser produtivo para o ambiente. Agora, é preciso curar as feridas de dentro para você ficar bem. Primeiro, você tem que ser boa para você mesma, para depois poder ser boa para os outros. Que coisa mais interessante!

Tudo começa em nós.
Tudo acaba em nós.
Tudo muda sempre em nós.

Como essa coisa do eu verdadeiro foi tão ignorada ao longo da vida na compreensão das religiões, das filosofias. Quanta filosofia para tirar o poder do homem, para subjugá-lo a ideias de inferioridade, de imperfeição. Mas como é que a gente pode ser imperfeito? Se tudo vem da perfeição, como a obra pode ser imperfeita? Você não é imperfeito. Essa é uma maneira errada e ignorante de ver as coisas. Nós somos perfeitos para ser o que somos. Nós não temos que amar todo mundo com todo o bem. Amamos quem amamos e fazemos o bem que sabemos. E só isso que podemos ser: o que somos. Isso porque, minha gente:

O que é, é
e só é o que é.
O que não é, não é.

Não tem choradeira, não tem "mais isso, mais aquilo..." "Será?" Será também não tem. "Mas devia" ou "não devia" também não tem. Não tem nenhum outro verbo, nenhuma outra palavra ou preposição.
    Se você só gosta de comer jabuticaba, minha filha, então, só gosta de comer jabuticaba. Se você não gosta de comer caju, não gosta de comer caju. Acabou. O que é, é. O que não é, não é. Não tem conversa. Não tem. O que é, é, enquanto é, porque tem dia também que muda.

De repente, você aprende a gostar de caju. Mudou porque mudou. Então, o que é, é. Não adianta você se forçar a aceitar alguma coisa a pretexto de uma filosofia de sacrifício, de espiritualidade, de santidade, de dever, de honra, dessas besteiras todas do orgulho, porque só vai fazer você empurrar goela abaixo as porcarias que não quer comer e que não vai conseguir digerir.

Por isso, quando não aguento, não aguento mesmo, entendeu? Pode ser que um dia aprenda a aguentar, mude a minha maneira de pensar. Mas agora é o que eu sou. Eu sou o que sou, sou o que eu sinto. E só vou fazer o que é bom em mim, o que me faz bem, o que me dá grandeza, o que me dá dignidade. Não quero saber o que é certo nem o que é errado. Nunca mais quero saber o que é certo nem o que é errado.

Cada um tem uma regra, uma medida. Assim, não fica criando confusão na minha cabeça. Para mim, o certo e o errado vão ser agora o que gosto e o que não gosto. Se eu não estou a fim de conversar com a pessoa, eu falo mesmo: agora estou pensando em outras coisas. E que se dane quem quiser interpretar mal e ser malvado, pois vai ter que dormir com a própria malvadeza na cabeça. Se quiser entender a minha condição com boa vontade, sorte da pessoa, que vai ficar com pensamentos bons. Eu sou o que sou. Cada um me vê como quer. E se me vir com os olhos ruins, os olhos da pessoa é que são ruins, os meus não são. Eu não sou responsável pelo modo como os outros me veem. Ah, quer me ver bonitinho? Pois que veja. Não quer, não veja. Importa o que eu vejo, meus olhos é que são importantes. Que me importa os olhos de vocês? Eu não vivo com os olhos de vocês. Por que dou tanta importância para o que o outro pensa? Não vivo com o pensamento dos outros. Ah, cansei!

Vou deitar na almofada, ficar lá naquela almofada macia, gostosa, sem revolta. Importa o que eu vejo. Importa o que eu penso. O que eu penso? Deixa eu pensar numa coisa boa para eu ficar bem... Deixa eu olhar com bons olhos para eu ficar bem... Deixa eu olhar o mundo com bons olhos para o mundo ficar bom para mim. O mundo

23

pode parecer uma peste de ruim, mas o mundo é de quem olha. O mundo é neutro. Você é que tem os olhos ruins para olhar o mundo e depois diz que ele é que é ruim. O mundo não é bom nem é ruim. O mundo é o mundo. É a gente que olha:

— Ah, que coisa indecente, que coisa chocante, ai, ai, ai... Fica cheio de ai, ai, ai, vendo o mundo bem mal. Mas quem vai dormir com a maldade? É você, seu tonto! É você que tem os olhos ruins. É o mundo que tem de mudar para você ficar bem? Não pense assim, não. Se também quiser pensar, paciência! Vai apanhar, apanhar até o dia em que aprender a pensar diferente. Mas se quiser despertar, você diz:

— Eu, hein? Eu quero ver tudo bem. A pessoa está dançando, se exibindo o dia inteiro. Ela está gostando, está feliz? Ah, ela está feliz, então está bom. Por que vou achar que é indecente? Não acho nada indecente. Não acho nada. Não tenho que achar nada de ninguém, cada um é o que é. Se está feliz, faça. Pelo menos está espalhando uma energia de alegria no ar. Mesmo que seja pornográfico, o que importa? Pelo menos, a pessoa está feliz. Melhor essa energia de felicidade do que a cabeça pesada das pessoas se reprimindo.

Essas pessoas que ficam na acusação, na malícia, na maldade, estão poluindo o planeta. Prefiro um monte de gente pornográfica e feliz do que esse bando de moralistas, com pensamentos negativos, recriminando, condenando, amaldiçoando, jogando essa energia ruim no ar. Ah, prefiro um bando de capeta safado e alegre a esse bando de religiosos, cheios de demônio nos olhos e no coração. Podem ser pornográficos, mas são todos engraçados e divertidos. Pelo menos, a energia que está em volta deles é agradável. Eu não tenho maldade nenhuma nos olhos, quero saber da alegria. Se tem alegria está bom; se não tem, não me interessa.

...o bem é a maior defesa

Queria dar a você muita força, uma força que a gente não dá em termos de energia, mas dá em termos de palavra. A palavra tem uma força muito grande. É um grande instrumento da vida. Por isso, quero ver se passo para você um pouco de força nas minhas palavras. E essa força começa com a necessidade que você tem de aprender a resistir, de aprender a usar a força em benefício próprio, no sentido de não deixar a negatividade do mundo tomar conta de você.

O mal é uma ilusão, embora as pessoas acreditem muito no mal. E vivem se defendendo do mal com maldade. Todo mundo se defende disso, se defende daquilo, por causa disso, por causa daquilo. Briga, fica ruim e, com isso, faz a vida negativa. Pois o negativismo é a crença no mal. Muitas vezes, a crença nas coisas más é porque a gente é ignorante das intenções do bem. A gente, então, se confunde muito, e, neste mundo em que vocês estão, a confusão é maior ainda.

É por isso que quero dar uma ajuda para ver se conseguimos uma situação melhorzinha. Vamos melhorar um pouquinho. Estou pedindo para você ter boa vontade consigo, boa vontade com suas fraquezas, um pouquinho de humildade, de espírito alegre, um pouquinho de coragem. Nós vamos dar mais um passinho e, de passinho em passinho, a gente chega lá que nem a tartaruga, mas pelo menos nós chegamos sem muita aflição.

O ambiente está cheio de sugestão negativa: sejam os programas de televisão, os jornais, seja a cabeça poluída das pessoas acreditando no mal, nos perigos da vida, como se a vida fosse uma inimiga, como se tudo de ruim pudesse nos acontecer e precisássemos ficar cheios de defesa e de medo. Ficamos possuídos pelas coisas ruins. É o desânimo que vem causando os piores problemas na nossa vida. Desanimar, desacreditar, duvidar do bem. Quando nós desacreditamos e duvidamos do bem é porque estamos acreditando no mal.

O mal é uma ilusão que só existe se o homem crer. Quando o homem crê, ele se torna mal e produz o mal.

O bem é a verdade do cosmo, é a verdade da vida. A verdade é o grande Bem Eterno. Essa verdade é imutável, é maravilhosa. Fora deste planeta, em outros mundos, o Bem Eterno é a realidade. Neste planeta, tudo depende do que você acredita e somos nós que criamos a realidade ou aquilo que sentimos em nós e em volta de nós. Se não vemos a verdade com clareza, se a vemos parcial ou distorcida, ela é uma ilusão. Ilusão é sempre o mal e causa o mal. A Verdade é pura, é sempre o bem e causa o bem.

• Se você crê numa ilusão, você a torna real com o seu poder de crer, e isto é o mal e a sua vida se enche de maldade.

• Se você crê na verdade pura, realiza o bem e sua vida se enche de bênçãos.

• A verdade e seus efeitos existem independentemente do homem. Nas o mal que é ilusão só existe se alguém crer nela.

• A verdade é absoluta e a ilusão é relativa.

• A verdade é absoluta; o homem é que é relativo ao percebê-la.

• A verdade é absoluta e a realidade é relativa a suas crenças.

A realidade depende da crença de cada um. Se você dá crédito (acredita), a ilusão da falta e da pobreza como um bem é o que vai experimentar na sua realidade. Se você crê na verdade da riqueza como um bem, é a riqueza que vai ser sua realidade. É por isso que faço este apelo para você acordar e ver que tudo está nas suas mãos. Claro que ninguém faz a opção pelo mal por crueldade mas por descuido em assumir o que se quer acreditar. Fazemos também porque mantemos uma ideia primitiva de defesa. Usamos:
- a malícia para não ser enganados,
- a agressividade para não ser dominados,
- a hostilidade para não ser invadidos,
- a crítica para corrigir o erro,
- o medo para evitar catástrofes.

Sempre a maldade gerando maldade.

E assim por diante: a supervigilância perfeccionista do nosso desempenho para evitarmos fazer alguma besteira, alguma gafe que humilhe a nossa vaidade. Tudo é maldade com maldade. A gente se soca para dentro para evitar fazer alguma besteira e vive sufocado, aterrorizado, massacrado.

Constantemente estamos aqui em volta deste menino que nos escuta e que representa de certa forma o trabalho que fazemos na Terra. Estou sempre ensinando as coisas para ele poder dar nos seus cursos, porque ele é uma pessoa que gosta de questionar tudo, às vezes até demais. E já que ele gosta, a gente aproveita e soma. Vai passando, através deste canal, o que a gente sabe, conseguindo assim espalhar ideias que possam servir para a melhoria das condições de todos nós.

Minha gente, vocês dão muito crédito ao mal, acham que o mal é fatal e que está em todo lugar, enquanto pensam que o bem é casual, que só acontece de vez em quando e em alguns lugares. Isso é um vício mental, não é a realidade. Neste mesmo mundo de vocês, existe gente muito feliz, vivendo muito bem, ao mesmo tempo que existe gente no sofrimento. Ora, o sofrimento e a dor são produtos da crença no mal. Mesmo que a pessoa seja caridosa e faça muitas bênçãos, ela pode estar doente,

estar vivendo na miséria, sofrendo com os filhos, com os parentes. E onde houver o sofrimento existe a ignorância ou a crença em coisas negativas. Muitas vezes vocês têm prudência, mas o excesso de prudência é negatividade, é um desastre.
É uma coisa muito louca. Mas, também, se a gente passa a crer no bem, o bem se torna a maior defesa, pois:

*O bem gera o bem
e o mal gera o mal.*

Quem está no bem, portanto, gera o bem. Quem está no mal gera o mal, mesmo que você esteja fazendo malvadezas, por achar que é a maneira de se defender. É sempre assim. Não é por julgar que tem um bom propósito que você vai escapar das consequências.
Ora, se não fizer o bem, as coisas que realmente dão felicidade e alegria na vida, você vai ficar estancado. E como está no mal, acaba atraindo negatividade para você. Repare, minha gente, nas energias negativas que os atacam. Você está bem e, de repente, começa a sentir um desânimo:
— Ah, pra que eu vou lá? Mas pra que eu vou fazer isso, hein?
É a crise do "pra quê", do desânimo. É a morte da alma, que é o ânimo. Ela vai matando a alma, porque você está crendo na negatividade.
— Ah, Calunga, tudo é difícil. Melhor ficar quieta aqui para não arrumar muito problema.
— Que tudo é difícil, minha filha? Tenha vergonha na cara! Não há nada difícil. É você que está se hipnotizando com negatividade. Vamos embora, com ânimo. Nada é difícil, não! Tudo se arranja.
Depois, ninguém faz nada na vida sozinho, porque Deus em nós, as forças do inconsciente estão sempre

conosco, trabalhando para nós quando confiamos nelas. Se não confiarmos, Deus perde o contato. É que nem o rádio. Se não apertar o botão, não enfiar o fio na tomada, vocês não vão me escutar. Confiar em Deus é o fio que nos liga à estação central do suprimento divino. E, além disso, tem que sintonizar na hora certa, senão não vão me ouvir. Pensar no bem que se quer é sintonizar com as faixas positivas do Universo. Não tem que fazer tudo isso? Tudo não tem um jeito de? Então, Deus também só funciona assim. Primeiro, o jeito de funcionar é se ligar; segundo, é confiar; e terceiro é pensar no bem. É mesmo, quantas vezes eu vou confiante de que alguma coisa de bom vai acontecer. Na hora H alguma coisa acontece a meu favor. Eu vou sempre ligado na tomada de Deus, pegando na mão de Deus, que são as forças inconscientes favoráveis. Eu vou mesmo, sem pensar em besteira, em maldade. Se pensar se vai dar certo é porque já está maliciando que é capaz de não dar, então não pense em nada .
• Eu vou é com Deus, porque só o melhor acontece para mim.
• Eu vou com Deus; o que eu não souber, Deus me inspira na hora.
• Deus faz as coisas do jeito certo.
• De alguma forma, a coisa vai ser boa, está tudo bom.
• Tudo, tudo é bom.
• Tudo está sempre dando no bem, de um jeito ou de outro.
Por que vou acreditar numa porcaria de uma ilusão? Quem quiser criar ilusão vai ter que dormir na cama que arrumou. Não vou maliciar, não. Estou confiando em Deus e estou no bem, tão bem que a pessoa mal intencionada não vai se sentir bem do meu lado e vai embora. A minha energia de bem vai espantá-la, ou ela vai me respeitar, porque eu sou só o bem.
O bem é isso: é a maior defesa. Não tem outra defesa, não. A maior defesa do ser humano é o Bem Maior, o bem positivo. Agora esse bem negativo que você chama de mal necessário é conversa de gente masoquista, de gente ignorante. Aqui não tem nada disso, não.

...você é a porta para o bem ou para o mal

Qualquer mal dos outros só tem acesso se você também estiver no mal. Se você é uma pessoa que se critica, a crítica dos outros penetra e o arrebenta. Agora, se é uma pessoa que não se critica nem critica mais ninguém, a crítica dos outros não o atinge.
A inveja dos outros só pega se você também é uma invejosa. Se não for, a inveja dos outros não a pega. E assim por diante.
A energia negativa dos outros entra porque você é negativa. Se você for positiva, a negatividade não entra... Assim por diante, nós estamos vendo que tudo passa pela gente. Nós somos o canal. Não adianta eu lhe dar um passe todo dia para arrancar o excesso de energia que você pega dos outros se você continua a mesma porcaria, atraindo porcaria para você.
Se você quer se ver livre da inveja, acabe com a sua inveja. O que é a sua inveja?
É a sua frustração, o seu desânimo, suas ilusões de pequenez, de complexo de inferioridade, de querer botar panca para os outros e não assumir quem você é, e não levar suas vontades para a frente. Se largar de ser vaidoso e levar para a frente seu coração, sem se incomodar com

a torcida, você vai se realizar na vida. E se você for uma pessoa realizada, não vai ter inveja de ninguém. A única maneira de não ser atingido pela inveja alheia é estar tão ocupado com a sua própria realização que ela nem aparece por perto. Mas você quer ser lindinho para os outros, quer a aprovação deles, aí frustra seu coração, suas vontades, põe dificuldades e se tranca. Depois vê que o outro tem e morre de inveja mesmo, porque aí ela o pega.
    Muitas pessoas têm inveja porque vivem se frustrando. É daí que vem o recalque. Você se frustra, se recolhe à sua vontade e, quando ela aparece no outro, dói em você. O que ajuda a evitar a inveja é a limpeza do subconsciente, positivar sua vida, ter atitudes positivas consigo, com as pessoas, confiar no Universo. Outra técnica é negar tudo o que é ruim. Você diz que não é seu. Tudo o que é bom é seu. Se dá uma tristeza, negue: ah, não é minha. Vem um sentimento de coitadinho: ah, também não sou eu. Nada disso é meu. Pense no oposto positivo, tal como alegria ou privilégio, e identifique-se com o que pensa. Faça-se sentir alegre e veja o que é bom na sua vida até você se sentir um privilegiado. E quando você se sentir realmente positivo consigo, as coisas negativas desaparecem, porque elas não têm mais acesso.
    É preciso dar valor para si, para o bem em si. Uma pessoa que dá valor para o seu próprio bem, que só apoia o que é positivo, é uma pessoa que se dá valor. Para ter dinheiro, é preciso se dar valor e não escutar os julgamentos, as críticas dos outros, as besteiras que os outros dizem, geralmente cheios de negatividade, querendo nos atacar, e nós então temos que nos defender.
    Como nos defender da maldade dos outros? Se o mal nos atinge por afinidade, o melhor é negar o mal em si: ah, eu sou bom, não ligo para isso, não.
    — Mas você é muito isso... É muito egoísta.
    — Eu não sou o que você me diz, eu sou o que eu sinto e eu agora estou bem em agir como eu estou agindo. Se me sinto bem é porque estou no bem. Eu estou muito feliz assim. Você está me xingando de egoísta porque você me vê assim. Egoísmo é uma coisa má e se você me

classifica assim, é porque você tem o mal na sua cabeça. Me xingando você quer passar o mal da sua cabeça para a minha, mas eu não vou pegar. Tudo o que é bom sou eu. Eu só tenho o bem em mim. Por isto vou perdoá-lo e pensar bem de você, pois assim eu me sinto bem. Se eu ficar no bem eu vou só gerar o bem.

Pare, então, de brigar, de encrencar com os outros, e vá para o seu bem. Daqui a pouquinho, as pessoas que o estavam xingando estarão batendo palmas para você. O povo é assim: para mudar de ideia é dois minutos. Não dê bola, toque para a frente, porque, se parar para olhar um, para olhar outro, aí você está perdido. Não alimente essas besteiras de vergonha, de medo. Se você não for assanhado, metido, não chega a lugar nenhum. Então, é melhor pensar: vamos fazer logo o que eu quero, sem medo da sociedade, porque ninguém manda em mim. Sou um espírito eterno. Não tenho medo da crítica de ninguém. Vou fazer o que meu coração quer por amor. Eu gosto e assumo o meu coração.

Quando menos esperar, você está aí conquistando o mundo, porque, se está positiva, a vida paga na mesma moeda. A vida lhe traz tudo, porque você é uma coisa de valor, positiva, e vem tudo na mão. Caem do céu as boas oportunidades, o amor, etc.

O povo que o criticava muda. O povo é assim mesmo. Quem critica é porque já está no chão. É tudo pintinho piando. Quem está no alto não critica. Só quem está no chão, na própria miséria e no negativismo da alma é que critica. O povo pia da dor que ele próprio criou. Eu estou é subindo. Então, diga: vou na minha. Pois se ficar escutando esses pios fico igual. Nem vou criticá-los. Vou fazer de conta que não existem. Tudo alegria, tudo beleza. Tudo está bom.

O povo faz escândalo e você faz mais ainda. Só que eles fazem escândalo negativo e você faz escândalo positivo. O pessoal fala mal e você fala bem. Pois quem vive com a sua cabeça é você.

...*se tem consequências, tem causas*

— Calunga, não sei mais nem aonde me dirigir para a minha vida melhorar. Trabalho com vendas, mas não é conveniente mudar de emprego por causa da minha idade — diz um ouvinte.

— Você se desvaloriza muito, companheiro, se põe sempre de vítima. Se você mexe com a área de vendas, não pode deixar de ser uma pessoa amorosa, bondosa consigo, uma pessoa positiva, confiante no Universo. Não acredite em dificuldade. Pois, se a sua cabeça acredita, ela acaba criando. Nada é complicado, nada é difícil. Você se queixa da sua idade, só vê empecilhos. Sua cabeça é muito negativa, embora você ache que isso é ser realista, que a vida é assim mesmo. Acha que está sendo prudente, sensato, cauteloso. E porque você tem boa intenção, não percebe que está na negatividade. Mas isso tudo é negatividade. Enquanto você não sair disso, sua vida não anda. Só atrai porcaria e problema. Saia disso, meu filho!

Perceba que o erro está em si, que você não fez por mal, mas fez; que você não sabe que isso é ruim, mas é; que seu bem é um bem negativo. Você tem muito medo e medo é sempre negativo, mas você acha que precisa ter medo para evitar as catástrofes. No entanto, por causa do

medo, você não fez tudo o que queria na vida e quem está na catástrofe é você. Foram os medos que o levaram a ficar nesta vida sem porta, sem janela, sem saída, sem opção, trancado na sua superproteção, porque você se superprotege. Acredita que o mal vai pegá-lo, vê monstros em todos os lugares. Tem imagens persecutórias. Você só vê o difícil, o ruim e nunca vê o anjo, a ajuda, o amor, a força, a beleza, nunca vê a positividade. Para você, a verdade é essa. E ai de quem disser algo contra:
— Como você diz isso de mim, que sou um homem trabalhador, bem intencionado...
— Mas, meu filho, sua verdade é sua verdade. Sua vida é sua vida. E se sua vida está fechada é porque você está fechando. Não tem ninguém que fecha. Eu sei que você é bem intencionado, mas todo mundo faz maldade com boa intenção. Quantas vezes a gente mente para os outros com medo de ofender? A intenção pode ser boa, mas mentira é mentira. Disfarçada de bem, a gente faz uma série de negatividades. A gente bate nos filhos para amanhã eles não darem problema. Então, já machuca hoje. Usa o mal para combater o mal; a malvadeza para curar a malvadeza, achando que está fazendo um grande bem. Não percebe que aquilo tudo é negativo e provoca reações muito negativas. Mas quando as reações negativas aparecem, a gente se julga uma vítima:
— Mas eu agi pelo bem. Sou um homem tão bom. Por que acontecem essas coisas ruins na minha vida? Por que, meu Deus? É injusto!
— Não é injusto, não. É justinho do seu tamanho, na sua medida. Você está no lugar que você se pôs. Disfarçado de bem, você faz muita negatividade. O povo todo é assim. Às vezes, a gente quer ajudar e a pessoa se revolta.
— Como, Calunga?
— Meu filho, o que posso fazer? Estou olhando os dados e os fatos são esses: caminhos fechados, dificuldade de dinheiro. Alguma causa deve ter.
— Mas não é macumba, Calunga?
— Como a macumba vai acontecer assim para qualquer um? Não há justiça na lei de Deus? Se não há justiça

na vida e tudo não passa de um grande caos, então vamos bagunçar. Não, não é assim. Tudo é justo. E se tudo é justo, meu filho, é alguma coisa que você está fazendo. Macumba não pega em quem não é "macumbável". Se você é negativo, não precisa nem ter macumba, porque qualquer onda negativa aí no serviço já o pega. Se a bomba tiver que estourar, vai estourar na sua mesa, não na mesa dos outros. Botou a mão no copo, quebra de tanta energia negativa, de tanto ódio guardado. Vai ligar a televisão, ela pifa. Pega o carro, o carro morre. É tudo negatividade. Mas vocês acham que são heróis, que são bons, que sofrem e não querem ver. O sofrimento está aí. A prova está aí. Se tem consequências, tem causas. Alguma coisa causou isso na sua vida. Por que a vida do outro está boa? Deus não protege ninguém. A natureza é igual para todo mundo. É porque você está na negatividade. Pensa que está fazendo um bem, mas é um bem negativo.
— Ah, mas é necessário, Calunga.
— Não é, não. O mal nunca é necessário. O mal não defende ninguém. Malvadeza não defende de nada, não ensina nada, não melhora nada, só cria mais malvadeza. Não adianta querer se iludir.
— Ah, mas é em legítima defesa.
Você tem o direito de achar, mas que vai trazer consequências, isso vai. Ah, claro que vai. Só o bem absoluto, o bem positivo, o bem puro, de verdade, é que nos protege e nos eleva. Só sendo positivo com você, com seu coração, corajoso, você estará protegido.
Ponha coragem no seu coração!
Esqueça a maldade do mundo, a pequenez. Esqueça as coisas medrosas da sua cabeça. Largue tudo isso. Abra seu coração para uma coisa melhor, maior. Levante, homem de Deus, ponha-se num lugar melhor dentro do seu coração, da sua mente. Dê a si um pouco de valor. Tenha a coragem de fazer o que gosta, de caprichar, de fazer com amor, de ser alegre, bem-humorado, despreocupado, confiante em Deus. Mas você não quer se ver, não quer mudar de atitude. Então, a vida não muda. E não fique esperando que eu, Jesus ou outros guias vão sair correndo

atrás de você para cuidar dos seus problemas. Você que cria, é você que vai resolver. Pode ficar com raiva de mim, pois, quanto mais ficar com raiva, mais seguro eu estarei de que você vai tomar alguma providência.

— Também, não quero mais saber de Deus. Agora vai ser comigo, mesmo.

— Pensa que vou ficar triste se você ficar com raiva de mim? Não vou, não.

Ah, que bom que aprendeu a tocar para a frente e a vida dele se resolveu. Bom que ele acordou. Uns acordam pela inteligência, outros pela dor. Mas bom é acordar para o fato de que o poder está nas suas mãos, não está na de ninguém. Tem que acreditar em você:

— Eu sou a força, porque Deus está comigo. Eu sou é bom. Sou perfeito como o Pai que está no céu. Meu coração é bom. Todo mundo é bom, o resto é ilusão.

*...a vida
é renovação*

Quero passar para você a alegria de viver, a alegria de viver num mundo cheio de oportunidades e de belezas. A alegria que vai custar a você abandonar as velhas ideias, mudar o seu ponto de vista e olhar para um novo horizonte. Este horizonte que sempre esteve e estará em volta de nós. Contudo, é preciso que você, na sua maneira de ser, abra os olhos interiores para a renovação.

Os livros o chamam a meditar sobre novas perspectivas. A ciência aponta a cada instante uma novidade, trazendo consigo uma série de possibilidades. O trabalho desse mercado internacional, complexo, deste mundo que se torna uma aldeia pequena nos convida a transformar nossas maneiras de trabalho, a nossa relação com a vida e a produção. São novas filosofias e novos pontos de vista. É a oportunidade de desabrochar novas faculdades de potenciais nossos.

É preciso se renovar, ser uma porta para a criação do novo. Todo mundo já está despertando. E você? Ainda está nas crenças antigas? Vive prisioneiro do passado, na queixa de que a sua vida não teve oportunidades, porque seus pais não souberam educá-lo? Por que a vida não lhe sorriu, porque você errou no casamento ou errou na educação dos filhos? Você ainda se culpa e se maltrata diante das tentativas que fez mas que não tiveram o resultado esperado? Você tem consciência do quanto está preso ao que passou?

Pois se você não tem, estou aqui para lembrá-lo de que o passado não mais existe. O passado são apenas fragmentos de lembranças da nossa memória.

Você não tem compromisso nenhum com o que foi, pois o presente muda o que o passado provocou.

Tudo o que foi provocado no passado e que poderia ter consequências hoje ou amanhã poderá ser transformado pela atitude presente. E o presente escreve a cada instante um novo futuro.

Não, não somos fruto de um passado, porque o livre-arbítrio dá ao presente e à natureza um milhão de chances, mostrando que somos livres para decidir a cada instante pelo caminho que queremos seguir. Caminho significa o pensamento, a crença, a renovação ou a confirmação do que cremos.

Todo mundo é rico na oportunidade de escolha.

Todo mundo tem em si o grande tesouro da mudança do seu destino e das coisas em volta de nós.

Não somos frutos do ambiente, mas podemos reagir contra as influências ambientais e criarmos a nossa própria realidade.

Aqueles que ainda se sentem fracos para reagir ao mundo e que seguem levados pela multidão e por aqueles que escolhem por eles; aqueles que ainda não tomaram posse do seu direito de escolha, de compreender que,

através das suas crenças, criam a sua realidade, são arrastados pela multidão e se queixam, numa visão pessimista, porque ainda não abriram os olhos para ver que a água para matar a sede está a um metro deles esperando para ser recolhida.
Chega o momento, no entanto, pelo sofrimento ou pela inteligência, que a pessoa é colocada diante da liberdade. A liberdade é a capacidade de viver as grandes opções do dia a dia. A pessoa, ainda sonolenta, se prende à ilusão de que o passado a condena, de que o passado a aprisiona, de que ela é apenas o que pôde viver, esquecendo que dentro de si não há limites, de que se hoje ela parece pequena, amanhã a renovação lhe traz um novo pensamento; a inspiração, a vontade de seguir um novo rumo. E, por fora, a vida lhe traz a oportunidade de criar a inspiração através da motivação.
Por dentro ou por fora, a vida continua gerando oportunidades. Se nós tivermos a força para deixar de lado a hipnose do passado; se nós compreendermos que isso é possível em cada um de nós e, com o mínimo de esforço, abraçarmos sem medo as chances de cada momento, então teremos, com o coração cheio de força, a possibilidade da renovação. Renovar é fundamental, muito mais do que conservar. A conservação é necessária na preservação de valores para a cultura, para conquistas do próprio homem que ainda não foram superadas. O homem, seja de cá ou de lá, não tem história.

O passado se perdeu.
O presente vive e
o futuro ainda não é.

Portanto abraçando o presente, você sente a liberdade do passado.

Eu não vou guardar em mim imagens do que já foi. O que pude viver no passado foram as oportunidade de desenvolver em mim o discernimento, de tomar posse de certos potenciais, como aprender a falar, a ler, a fazer e a acontecer. Essas qualidades permanecem comigo agora. Mas o modo como eu as aprendi, essas já não estão mais aqui, restou apenas a qualidade absorvida, desenvolvida. Assim também esse presente vai passar. Este momento deixará de existir em breve. Apenas o que minha palavra tocou em você, o que a minha palavra lhe mostrou permanecerá em sua consciência enquanto você permitir. Portanto, somos nós que selecionamos o que vamos viver ou não, onde vamos olhar, o que vamos pensar e o que vamos fazer. Neste momento, aprecie, sem medo, a riqueza da liberdade de escolha, a riqueza que cada momento lhe oferece. Nem Deus nem ninguém impõe a você um caminho. Muitas pessoas gostam de acreditar que o que está acontecendo com elas é a vontade de Deus, dos espíritos bons, dos anjos, é a vontade do mundo superior, porque Deus quis. Porque é assim que tem que ser.

Não, meu filho, Deus não quer. Na verdade, está assim porque você permitiu de alguma forma que ficasse. Você criou essa situação de alguma forma, mesmo sem saber que estava criando, o que não anula em nenhum instante o seu poder de recriar a sua vida. Vocês vão seguindo na multidão, com a maneira de o povo pensar, com a maneira de a religião pensar, de os filósofos pensarem, vão seguindo na opção de ser mais um na multidão, porque querem. Mas, um dia, hão de acordar e de perceber que a água do rio está ali na sua mão, que a opção é sua, que você pode ir ao infinito, sem nenhuma restrição de Deus nem da própria natureza, sem nenhuma condenação por parte da vida, porque, na verdade, a vida mostra o contrário.

Quando você pára, quando se prende ou quando entra na hipnose do passado, aprisionando-se na própria cadeia magnética que suas atitudes mentais criam, o que faz a vida? Pressionada pela sua reação contrária ao progresso, ela reage espontaneamente, fazendo com que você passe por choques, muitas vezes dolorosos, para libertá-lo. Pois no rio da vida ninguém pára. É tão forte e tão intensa a correnteza que ninguém consegue parar. Nós aprendemos a nadar a favor da maré; aprendemos a deixar o barco fluir com a força da correnteza; aprendemos que, quando se vai a favor do rio, temos a opção de ir pela margem, pelo meio, pelo lado, sempre de forma mais rápida, sempre de forma mais fácil.

Quando percebemos que a vida é renovação, transformação, que a vida é movimento, estamos a favor dela. E estando a favor, o número de opções é muito grande. Mas é uma exigência da vida para que as coisas fluam bem que tudo seja feito através da renovação. Renovar é a capacidade de deixar o velho, é a capacidade de anular o antigo, é a capacidade de raciocinar e perceber a necessidade de variação, porque, se você ficar monótono, o que acontece? Você dorme, apaga a consciência, apaga a vida em você. Se sofre uma série de estímulos através da transformação e da diversificação, você mantém o interesse, a consciência, a motivação. Isso é para todos em todos os setores da vida. É a lei. Pois a natureza se interessa pela consciência e pela renovação.

Contar muitas vezes a mesma história é repetir. Contar e pensar demais em situações passadas é se repetir. Falar do mesmo assunto muitas vezes é se repetir. Você se repete, se repete, se repete numa monotonia que o faz dormir na beira do rio, cheio de sede. Agora, se reparar bem, você pode parar de se repetir, pode ter uma nova opção e pode parar de ser quem você era. Tudo aquilo que não quer mais, pode jogar fora e a vida nova pode começar agora. Exatamente agora. Se você procura uma ideia para inspirá-lo, se procura uma conversa como essa para lhe dar inspiração, é bom. Um livro bom tem muita coisa para você se motivar. E depende da sua vontade e do seu espírito manter a motivação ligada constantemente no seu dia a dia.

Então, minha filha, vamos parar de chorar o que já foi, vamos nos despedir de quem já morreu, vamos dizer adeus ao que ficou para trás, vamos desistir do que nós não quisemos, vamos largar o que você não pôde ter ou o que preferiu seguir por outro caminho e deixar, vamos largar esse outro sem pensar erradamente:

— Vai ver que fiz mal. Deveria ter feito de outro jeito...

— Não, minha filha, tudo o que você fez é certo e hoje pode recomeçar tudo de novo. Vamos largar o que foi feito de negativo para você? Vamos largar o negativo em você? Vamos assumir a novidade, o novo? Vamos crer de novo na vida? Vamos voltar a viver? Vamos renovar os valores, vamos ter o espírito renovador, vamos mudar?

— Ah, Calunga, mas eu não sou maria-vai-com-as-outras. Eu queria ser uma pessoa constante, equilibrada.

— Minha filha, está errado.

— Ah, mas queria me aposentar...

— Não faça isso. Se você se aposentar, vai ficar pior, vai cair na inércia, na falta de mudança. Aí vem a vida para empurrá-la. Diga: nunca me aposentarei. Não sou de ficar quieta. Tem tanto para se ver no mundo. Que ficar quieta, nada! A não ser quando estiver cansada e quiser fazer um descanso, mas não é para ficar quieta o resto da vida. Quero mudar. Eu, hein? Ontem fui uma, hoje quero ser outra.

E vem aquele povo acomodado, hipnotizado, dizendo:

— Nossa, como você muda a toda hora. Parece que você nunca está feliz com nada...

— E quem disse que estar feliz com alguma coisa é ficar a vida inteira com um trem só na frente? Eu não acho isso, não.

A gente usufrui as coisas velhas, aproveita e já vai passando para outra, porque as coisas acabam. Você sabe deixar a coisa acabar? Precisa, viu? Você fica carregando defunto, carregando umas tranqueiras mortas que não têm mais sentido na sua vida, serviço de que não gosta, amizade que não tem mais nada a ver, compromisso que não tem mais sentido na alma. Fica carregando pelo dever, pelo dever. Que dever, minha filha?

— Ah, eu não sou volúvel.

— Volúvel é outra coisa. Você está carregando defunto, cheia de fantasmas. Vamos espantar esses fantasmas

todos. Vamos acabar com isso e entrar, então, na renovação, porque o espírito precisa de renovação.
— Mas, Calunga, eu não paro em lugar nenhum.
— Então não pare mesmo. Você gosta de andar para cima e para baixo. Tem gente que gosta de ficar mais quieta, fazendo um trabalho mais mental. Então, arranje um serviço para bater perna, porque não vai querer você ficar no escritório. Você não é disso.
— Ah, Calunga, mas eu troco a toda hora. Eu queria um amor seguro, sério, para toda a vida.
— Ah, minha filha, mas não é bom renovar também? Ame um hoje, ame outro amanhã. Amor nunca é demais.
— Mas, Calunga, eu faço, faço as coisas e depois desanimo. Não quero mais fazer.
— Acho que é normal. Ué, vá fazer outra coisa.
— Ah, mas as pessoas falam que a gente tem que ser mais constante, ficar no mesmo serviço a vida toda.
— Vixe, que coisa! Eles devem estar todos empesteados, porque não muda.
— Mas, Calunga, você acha que é certo ficar mudando, mudando...?
— Ah, minha filha, nada é certo para todo mundo. Cada um tem um certo para si. Certo para todo mundo não existe. Portanto, estou só falando para aquele povo parado, encrencado com o passado, que está precisando de um estímulo para se renovar. Tem gente que pula de galho em galho e não muda nada. Só faz movimento por fora. Então, esse povo é desencontrado.
Estou falando para você mudar na postura interior, porque, se vai só de galho em galho e não alimenta a alma, então é tapeação. A alma precisa de comida. As coisas precisam ter significado. A gente vai de uma coisa para outra, mas com significado, porque a alma gosta de renovação mas com significado, com profundidade e não na superficialidade que é só para o povo ver. A gente precisa fazer a coisa de coração!

...louvação à paz

É muito bom a gente se entrelaçar na corrente da luz que nos procura a cada instante para sustentar as nossas ações no mundo. Todos nós somos chamados para desenvolver a qualidade de sustentação do bem. Quando o seu coração se abre na vibração suave do teor do seu espírito, da sua essência, a vida se enche de luz. Vai se diluindo a escuridão das dúvidas, dos medos, da insegurança que tanto nos abate, e um vigor, um frescor passa a emergir dentro de nós, e, então, começamos a trabalhar com essa luz, que ilumina os cantos obscuros do nosso pensamento.

Dissolvemos as dúvidas e deixamos que o bem que nos ilumina por dentro ilumine também as nossas relações. Por aqueles com os quais estamos em atrito por diferenças, a luz nos inspira a propor o respeito, a abrir as mãos, os braços e o peito, deixando a pessoa ser o que é, respeitando a condição de cada um, as escolhas de cada um, para percebermos que a generosidade é um meio de criarmos a afinidade. Deixamos que a luz cuide de todos e de tudo aquilo que não podemos fazer com a nossa sanha e a nossa palavra. Deixamos que a luz envolva os inimigos, as pessoas em atrito, confiando que a luz vai encontrar um meio de criar uma situação melhor entre nós.

Da minha parte, neste instante, eu me curvo não diante do outro, não diante daquilo que eu considero uma injustiça, mas diante da luz, diante do Universo e digo:

— Universo de luz, bem maior que me guia, eu me rendo à incapacidade e ao limite de saber lidar com essa situação de forma positiva. Não quero discutir minhas emoções, porque meu peito está cheio de mágoa. Não quero sequer acomodar essa mágoa dentro do meu peito. Quero me renovar, quero perdoar, quero compreender que o mundo que criei com essas pessoas foi resultado da minha ignorância e dos valores negativos que alimentei.

Ao me render à luz, ao não querer mais manter no meu coração a mágoa e a inimizade, o rancor que se vai com a vaidade, quero também me render à minha negatividade; quero esquecer as sombras que alimentei, os pensamentos sombrios e frios, amargos e doloridos que sustentei. Quero jogar fora esse falso realismo, cheio de pessimismo que um dia abracei. Quero neste instante purificar o meu ser das correntes que me prendem às competições baratas, à busca de poder sobre o outro, enquanto eu me abandono, absorto nos sons em que não encontro nada. Quero a oportunidade que me dou, neste momento, de acabar com todo lamento e me colocar na dignidade. A luz que brilha em mim apaga a vaidade e me mostra a realidade. Quero ver de perto esta verdade que está escrita dentro de mim. Quero encontrar nos outros aquilo que eles escondem de si mesmos. Quero fazer contato com o coração para que haja entre nós a nossa relação de amor.

Além da aparência que impõe, os outros também se impõem. Além da falsidade que eu uso para me proteger no mundo, os outros também se protegem. Além do medo que eu temo dos outros, os outros também me temem. Além da verdade falsa que quero impor ao semelhante, os outros também querem impor a mim. Além da desculpa do meu erro, os outros também se desculpam. Além da minha insistência em modificar o mundo no meu egoísmo, os outros também insistem comigo.

Quero abandonar qualquer ideia de inimigo interior ou exterior, quero a paz. E a ela eu me entrego, porque eu me concedo o momento de me deixar envolto a novos pensamentos e sentir que a luz pode viver em mim. A luz é um bem fresco, um ar que passa por dentro de mim, refresca o peito cansado, restaura o estômago inconformado, me liberta do juiz no intestino aprisionado, a crítica nos rins encerrado, na cabeça a perturbação da ilusão e este ar que vem do coração vai renovando, refrescando, acalentando.

Nesse momento somos uma porta para o infinito. Não temos tempo, nem memória, nem planos para o futuro. Somos apenas alguma coisa viva, iluminada, presente. Deixamos fluir nessa corrente por toda a cidade a ideia de dignidade. Cada rosto um drama, um caminho, uma expressão de Deus. Cada vida um caminho, um jeito de as coisas serem. Olhando os outros, vejo aquilo que não tenho em mim. E os outros olhando para mim veem aquilo que não existe neles.

No universo de luz, todos nós nos completamos, todos nós nos irmanamos no mesmo desejo de viver.

Paz para todos.

Paz para aqueles que me acompanham nesta encarnação na família.

Paz, muita paz no trabalho que me possibilita conhecer meus próprios potenciais, conhecer a possibilidade de realização.

Paz na mão que me cumprimenta.

Paz no sorriso que se mantém para enfrentar cada momento.

Paz na roupa que me cobre e me expressa.

Paz na comida que me abençoa o corpo e a vida, no prazer da degustação.

Paz no meio da confusão, no tráfego apressado, na cabeça enlouquecida de preocupação.

Paz àquele que, na desatenção, exerce a sua função erradamente.

Paz àquele político que, nos seus votos de ajuda, hoje se faz ausente.

Paz ao patrão exigente.

Paz ao telefone que não pára de tocar, gritando e reclamando a minha atenção.

Paz à criança em desespero que se vê na aflição.
Paz à dor daquele que sofre um momento diante de si mesmo, em que a vida pede reconciliação e ele ainda teima na obrigação, fugindo ao seu melhor.
Paz na tempestade.
Paz na calmaria.
Paz diante do sol ardente, febril da praia quente, no frio que me agasalha e me propõe a introspecção, o frio que açoita e que mata, o frio que faz na ausência do verão e que traz a solidão, o frio que me faz sentir que não é só por fora a imensidão, mas dentro de mim também.
Este vento que vai e que vem.
Paz a essa luz que o acompanha.
Paz a esse rebanho imenso, cavalgando na ilusão.
Vamos, neste momento, abrir os braços em louvação ao Universo que nos protege, a essa grande mãe Terra que nos agasalha, que nos pede ajuda, que ajudando precisa ser ajudada, que renovando precisa ser renovada, que dando precisa ser assistida.
Paz às máquinas devoradoras, à imprudência dos caçadores, à loucura dos administradores.
Paz à mãe impaciente, ao pai ausente.
Paz para aqueles que foram, paz àqueles que virão.
O importante, seja qual for o instante, é ter paz no coração.
A luz é a certeza absoluta do bem que nos envolve a cada instante e nos mostra que a paz é apenas uma atitude daqueles que sabem o que lhes convém, que assinam com o Universo a responsabilidade de viver no melhor, de espelhar o melhor, no melhor de cada dia.
Neste momento em que eu e você fazemos essa louvação à vida, seu corpo se transforma, as pessoas nos sentem diferentes, o seu ambiente se renova e as suas coisas tomam um novo rumo. Mas se ainda você tiver a coragem de ir mais para o fundo, esquecendo o jogo do controle, perdendo o medo da entrega, você sentirá que Deus se manifesta e que, através Dele, a luz cresce em você. E essa luz que o acompanha o leva acima de qualquer montanha e lhe mostra quem você é: pedaço do

Universo em forma de gente, coração imenso onde estão todas as sementes, vento de luz na evolução, centelha do grande coração, verbo em ação de vida e realização, olhos de enxergar tudo, ouvidos de escutar qualquer som, pele de reproduzir os sentimentos da vida, onde Deus se faz realidade, onde a vida é apenas a própria vida.

A beleza vem do coração.

— Sempre me senti uma pessoa triste e feia — escreve Rosana, uma ouvinte do programa. — Quando você diz para a gente reencontrar o melhor dentro de nós, não encontro. Só lembro de tristeza e de desilusão. Tenho consciência de que provoco tudo isso. Mas me sinto num emaranhado tão grande que nem sei por onde começar.

Rosana, minha filha, são ilusões da sua cabeça. Não deixe que as impressões falsas do mundo lhe arrebatem a realidade, o que a grande sabedoria do Universo escreveu em você. Você é pedaço do melhor, você é feita do melhor. Nasceu para o melhor e vai para o melhor. A ilusão são essas crenças negativas que você abraçou, infelizmente, na sua experiência para que desperte para o belo. Quem vive o feio, verdade ou não, aprende a despertar para o belo. Aprende que a beleza vem do coração e que é apenas uma atitude, um pensamento.

Renda-se, renda-se a essa concepção de vida. Renda-se a essa tristeza, a esse ponto de vista que a inibe, que a envergonha. Não envergonhe o criador, porque a criação é perfeita e a perfeição aparece com o seu apoio. A vida nos criou todos perfeitos, belos, interessantes, sábios, inteiros e entusiasmados. Mas essa grandeza em nós não pode se realizar no dia a dia se não houver, de nossa parte, a aceitação, o apoio a ela. A receita que eu lhe dou é dizer:

— Tudo o que é ruim não sou eu. Vou fazer o que o Calunga me sugeriu. Vou esquecer, vou zombar, vou brincar com essas ideias bobas, trágicas. Vou abandonar a tragédia, porque, se a tragédia fosse boa para mim, eu estaria feliz. Mas como a tragédia não é boa, só me faz infeliz. Se esses pensamentos fossem a verdade sobre mim, teriam me libertado, porque a verdade liberta, a verdade engrandece. No entanto, esses pensamentos só estão me fazendo triste, pequena, me acanhando, me aprisionando. Não podem ser a verdade. Não posso estar vendo certo o que eu sou. Não devo estar vendo claro qual é a minha aparência. Mas o fato de ter me depreciado tanto me machucou muito e, provavelmente, não me encontro no meu melhor. Mas eu sei que se me renovar por dentro, se pensar que todos esses pensamentos não passam de ilusão e não são verdadeiros, posso me sentir melhor.

Sei que se abraçar minha verdade por inteiro, lá dentro do meu coração, essa coisa que quer ser bonita é porque, na verdade, já o é. Esse querer é a voz de Deus. Você pensa que apenas quer, mas é impossível. Não, esse quer é porque já é.

Quem quer é porque já tem.
E pensa que virá de fora,
mas fora é só um reflexo de dentro.

Quem quer a beleza é porque já a tem. Sinta a beleza que vem dessa vontade de querer. Entre lá dentro e diga:
— Eu já sou, porque se está vibrando em mim é porque já é. Eu já sou bela. A beleza tem mil formas, tantas quantas existem pessoas. A beleza existe por dentro e por fora. A beleza da mente, dos pensamentos maravilhosos, do coração imenso com que espalha em volta de si a luz do bem. A beleza amacia os cabelos. A luz do coração transforma a pele, faz brilhar os olhos e dá encanto,

aquece os lábios e lhes dá frescor. Amacia a pele e lhe dá sedosidade, transforma as formas do corpo, deixando aquela coisa esbelta, flexível, leve, aconchegante. O amor lhe dá a postura com que levar seu corpo, que faz com que a sua roupa caia bem. A luz lhe dá o bom gosto e a percepção de escolher a roupa certa, a palavra certa, o pensamento certo, o sentimento certo.

A luz transforma as pessoas que se pensavam feias em pessoas charmosas, aconchegantes, deliciosas. Propõe a conquista da cultura, da arte, do profissionalismo, da realização e brinda a vida da pessoa com os conhecimentos da ilustração, do dinheiro, traduzindo aqueles potenciais dormentes em capacidades realizantes. A luz que está dentro de você mostra que você é um grande potencial, infinito de possibilidades renovadoras. Não se acanhe, não se esconda. É só você que está vivendo no seu teatro interior, na miséria das coisas feias, dos retratos e dos cenários que você pintou e que as pessoas que viveram com você também contribuíram a pintar.

Rosana, como se entrasse na água e lavasse a cabeça, lave seus pensamentos. Deixe escorrer no xampu e na água todas as ideias terríveis sobre você. Deixe que a água quente aconchegue seu corpo, fazendo ele ficar perfumado, limpo. Lave a sua mente, rejeite a ideia terrível. Dê-se a oportunidade de mostrar a você que é muito mais. Quantas pessoas como você, quantas Rosanas neste mundo não se dão a oportunidade?

• Rosanas casadas, dependentes do marido, que não percebem o seu potencial de realização.

• Rosanas desiludidas, compromissadas com a vida, de forma a mantê-las na escuridão.

• Rosanas tristes, com medo de amar, presas com o coração.

• Existem Rosanas perdidas, prostituídas, com medo de uma união.

• Existem Rosanas que falam grosseiro, que criticam, que gritam pelo poder, querendo ser iguais aos homens, esquecendo-se daquilo que natureza as fez ser.

• Existem Rosanas por si mesmas abandonadas, Rosanas suas próprias inimigas, Rosanas cheias de feridas, movidas a desamor.
• Mas também existem Rosanas encontradas, pessoas trabalhadas.
• Existem Rosanas amando os filhos e sendo amadas.
• Existe Rosana parceira do homem, comprometida no amor, criando uma vida com paz, sem dor.
• Existem Rosanas fortes, tocando para a frente a vida, voltando para a escola, aprendendo a dirigir a empresa, procurando uma forma de se realizar na vida.
• Existem Rosanas bem falantes, anjos perambulantes, espalhando a oportunidade e o amor.
• Existem Rosanas que cuidam de crianças, de adultos e de velhos, de cachorros perdidos, dos gatos feridos.
• Existem muitas Rosanas neste mundo, mas para cada uma delas há uma luz que segue no ventre que abre para a reencarnação, na mão que executa a tarefa, no seio de doação, no sorriso de carinho ou nos olhos de alerta.

A beleza é a vida, é o porte com que se leva cada situação.

A elegância não é a da roupa, mas a da arte de se carregar a roupa.

A leveza não é a da ausência de peso, mas a da pureza com que o gesto é feito.

O pensamento é também de expressão, quando ele cai na disciplina rígida do próprio coração.

Beleza, sim, vai para a mesa, porque a beleza é a expressão de Deus em cada um, da perfeição manifesta que você havia escondido e que um dia, como numa festa, explode no mundo da realidade, a capacidade da realização.

Por isso, Rosana, pense em você como pedaço da evolução, Deus em realização, vida procriando em profusão. Pense nas possibilidades infinitas do seu gesto, da sua palavra, dos seus dons, do seu pensamento. E acabe com esse lamento, com essa prisão de ignorância nas trevas e na ilusão.

Venha fazer parte das Rosanas bem-sucedidas, das mulheres bem vividas, das matronas mais queridas, porque

o amor nasce por dentro, dado da gente para a gente mesmo. Depois se espalha no ambiente, criando retribuição. A vida só lhe dá o que você se dá.
Você desconhece a si mesma e pensa que é só fachada. No entanto, muito mais que fachada, você é a avenida larga por onde passa a perfeição.

...quem não planta também não colhe

Conforme você vai praticando a boa vontade, ela vai crescendo. E o que acontece quando a boa vontade cresce no homem? As energias negativas não mais o pegam, porque elas se tornam positivas. É o desânimo de um que não o atinge; é a inveja e a raiva do outro que não o pegam; é a crítica de uns que também não vai causar nenhuma impressão. Essa energia toda começa a fazer seu trabalho crescer, começa a empolgá-lo. É bom o trabalho que dá dinheiro, que abre portas, que nos leva para a frente, que faz a gente ter uma vida cheia de entusiasmo, cheia de excitamento, cheia de diversão, porque trabalho é diversão.

Para poder colher os frutos, porém, é preciso antes semear. Você que, às vezes, tem muita má vontade, fica na queixa, na crítica, sempre achando que tem razão em ser ruim, perverso com as pessoas, em ser desagradável, vou lhe dizer uma coisa:

— Você está cavando a própria solidão. Você que gosta de se fazer de certinha, de santinha e, em vez de fazer as coisas, fica aí se adulando para parecer bonitinha, vaidosa, vai acabar na depressão, na miséria interior.

Boa vontade é uma coisa boa, mas não quer dizer que a gente deva ser submisso à vontade dos outros. Posso ter boa vontade, mas não vou fazer o que o povo quer só porque quer. Só porque fica me ameaçando:
— Ah, já que você não me ama, vou embora.
— Ah, então vá, trem ruim. Já que você não gosta de mim, pode ir.
A gente também tem que ter coragem. Não estou dizendo para você ser boba. Quando digo para ser boa é para fazer a caridade inteligente. É para ter boa vontade, mas com inteligência, sabendo que o ser humano não valoriza quem se desvaloriza.

Ninguém é valorizado se não se valorizar, e valorizar-se é dar-se crédito.

É dizer:
— Só estou fazendo porque eu gosto, não porque você quer. Não tenho obrigação de cozinhar todo dia, estou fazendo porque eu gosto. Não tenho nenhuma obrigação de criar filho, estou fazendo porque eu gosto. Estou casada com você, mas não tenho obrigação nenhuma, estou porque eu gosto.
Tem que ter coragem, tem que ter personalidade, firmeza espiritual na vida. Não pode ser pamonha. A gente é bom porque gosta de ser bom. Tem boa vontade? Muita, mas não sou trouxa. Trouxa, não! Trouxa de roupa para jogar para lá e para cá, não. Assim também não quero. Não vem, não, coração! Como quem diz: olha, vá pelo coração, não venha com safadezas comigo.
— Olha, eu sou boa, mas não sou boba. Não abuse
— É assim que você tem que falar. — Vamos com calma.
Diga para o filho:

— Quero acertar as coisas com você pelo bem, porque tenho boa vontade com você, entendeu? Mas você fica na rebeldia, não quer colaborar. A casa também é sua e cada um tem que fazer sua parte. Aqui não é maloca. Tirou, tem que botar no lugar. Não é porque sou boa que vou ser boba. Vamos agir pelo bem, porque faço de coração. Se você não pode entender a lei do carinho, do amor, do respeito, então vai se dar mal.

Geralmente a criança tem muita boa vontade. É a gente, com nosso gênio ruim, com essa mania de gritar, falar, mandar, ser estúpido, que cria na criança a rebeldia. Se a criança, desde pequena, é tratada com respeito, ela se torna muito cooperativa. O ser humano só fica agressivo e rebelde quando é violentado. Quando não é violentado na sua dignidade, ele é profundamente bom, cooperativo. Claro que cooperação depende da inteligência de cada um. Uns podem mais, outros podem menos, e a gente precisa compreender o limite e ajudar a pessoa a crescer em seu limite. De pouquinho em pouquinho, a gente vai crescendo, vira um montão.

Mas você é a primeira a ser malcriada na frente das crianças, pensa que pode fazer tudo o que quer, sem respeito ao lar. Depois aguente as encrencas, porque o que você semeia você colhe. Lar precisa de respeito, e respeito requer breque. Se não souber brecar e desviar sua energia para um campo mais inteligente, você não vai ter a paz e o lar com que sonha. Vai ter uma casa bagunçada, atormentada, perturbada e vai dormir no meio dessa perturbação que você mesma criou. Vê lá o que você anda fazendo. Para se manter um lar perfeito, bom, de amor, precisa de respeito, de breque e, ao mesmo tempo, de coragem para renovar e trazer sua boa vontade e inteligência em campo. Respeito, minha gente, respeito!

Só porque é seu irmão, você fala assim? Como se destratam os pais! Que coisa mais arrogante. Os pais também são iguaizinhos, porque ninguém é abusado se não foi abusado também. Não estou dizendo que as crianças deveriam ser caladas, como antigamente, todas mudas,

reprimidas, não é isso, não. Mas a gente sente que na fala há o desrespeito, o xingo:
— Ah, porque você...
Isso é feio demais. É falta de amor, de boa vontade. Você que é a patroa em casa, você que é o dono da casa precisa começar com a verdadeira caridade no lar que é o respeito, o carinho. Olhe para sua família. Será mesmo que você está feliz ali? Será que está feliz nesse lar que plantou para você, atraindo esses companheiros com esse tipo de vida, de perspectiva, uns frios, indiferentes, outros enlouquecidos, doentes, alguns completamente ausentes, outros presentes, colados, grudados, sugadores?
Minha gente, lar é seu centro de vida, de trabalho interior. É nesse mesmo ambiente que você vai crescer por dentro, desenvolvendo suas riquezas, tornando-se a pessoa que, no fundo, você deseja ser. Portanto, vamos atentar para a família com mais respeito e seriedade. Vamos atentar para as relações do lar como alguma coisa séria, com a qual você precisa ir com cautela, refletir melhor, não com culpa, nem com punição, julgamento ou tristeza, mas com a perspectiva de uma vida melhor, de uma conquista melhor.
    Ora, se fracassou em sua própria família, você é um fracassado na vida, porque não adianta fugir dos pais, dos irmãos, da esposa e dos filhos, porque você sempre vai encontrar alguém desse jeito. Seu dinheiro não lhe compra a felicidade, não compra o amor, a alma que você perdeu. Você pode ter sucesso, porque pôs amor em seu trabalho e, segundo a lei da prosperidade tudo em que se põe amor vai para a frente, cresce, mas e sua família? Eu sei que você não é um homem perfeito que consegue resolver todos os problemas, e nem deve pensar que todos os problemas da casa estão em sua mão.
    Você também, minha filha, que é a dona do lar, às vezes espera demais de si mesma, achando que tem que cuidar de tudo e de todos, de uma maneira impossível. Isso é um desrespeito a sua própria condição de parceira de reencarnação. Embora a função da mulher no lar seja primordial, porque é ela o centro da casa e da família, na

verdade nós sabemos que ela é também limitada. O respeito por si, no entanto, leva ao respeito pelos outros. Pois se você entende o limite de seus companheiros, vai entender também o seu, ou se entende o seu vai entender também o dos companheiros. Nesse limite, existe o quê? A aceitação de saber que cada um está trabalhando para ampliar um pouquinho os próprios limites. Essa modéstia desperta a luz no coração, a bondade, a benevolência, o respeito ao esforço de cada um. Não queira resolver todos os problemas de seus filhos, de seu marido. Tenha dentro de si uma luz sempre pronta a conceder. Quando perceber que seu limite chegou ao fim, que não pode dizer nada, que você não entende ou que não tem condição de mudar a situação de alguém, lembre-se de que ainda existe muita luz para ofertar em seu coração, que existem seus olhos carinhosos a aceitar, existe sua mão que segura a do outro ou apenas sua presença positiva. Diga a seu filho:

— Não sei de nada, mas acredito no bem. Pode contar comigo, que meu coração vai estar sempre consigo. Não posso lhe dar nada, porque não sei resolver seu problema com sua mulher, com seus filhos. Não sei resolver seus problemas na escola. Não posso resolver sua vida afetiva, suas decisões, suas encrencas neste mundo. O mundo está aí para você viver, está aí para você resolver. Mas meu amor é incondicional. Saiba sempre que te quero bem.

É disso que um filho precisa, porque nós não vamos viver a vida dos filhos, minha gente, mas podemos viver do lado. Não do lado colado, na mesma casa ou no mesmo bairro, na mesma cidade. Estar do lado não é pele com pele. Estar do lado é passar aquela energia que diz:

— Olha, não importa, meu filho, segue, porque estou lhe apoiando. Se você errar e cair, paciência, pois estou lhe apoiando. Se você ficar no fracasso, no desespero, na dor, não tem importância, não, meu filho, minha luz está com você, acalmando-o.

O que precisamos é disso, da companhia de luz. É assim com seu marido, minha filha. Vocês só pensam na competição entre o casal, pensam nisso com vergonha de amar, de querer bem, com vergonha de se dar. Minha filha, mande luz para seu marido, mesmo que ele tenha problema de personalidade por causa do jeito dele. Você também tem, porque você também não é fácil de aguentar. Não faz mal que amanhã o casamento se acabe, pois todo casamento um dia tem fim, mesmo na eternidade. Mas não o amor, não a luz, não o bem-querer. Este não acaba nunca, porque é eterno.

   Todo mundo tem sede de boa vontade, tem sede de caridade, tem sede da verdadeira luz da companhia, daquela companhia de luz, que seguirá com a gente sempre nos momentos de desespero, de desconforto e de desencontro. A gente se lembra daquela pessoa e da luz dela. Aquela luz que o abraçou, não o corpo; aqueles olhos que o perdoaram quando você mesmo, na sua ignorância, se condenava e se culpava. Nós precisamos disso para seguir em frente. Você precisa e os outros também. Agora, quem não planta também não colhe.

...o que você crê torna-se realidade

Há muita gente que crê nas histórias de pecado, que Deus pune, que veio aqui para pagar o que fez de errado em outras vidas. Mas eu fico pensando: Deus não é vingativo, não faz ninguém pagar nada, a lei não é essa. Isso é coisa de gente ruim, ignorante, que acha que o mal tem que ser pago com o mal; que acha que esse mundo é para sofrer. Portanto, as pessoas têm que se conformar com o sofrimento, ficar no pacifismo, porque essa é a vontade de Deus. E que só depois que pagarem tudinho é que vão se libertar. Mas de meu ponto de vista — é o ponto de vista de um defunto, mas acho que também tenho direito de pensar, de analisar, de olhar para tentar entender —, não estou vendo isso aqui. Vejo muita gente fazer muitas coisas e não acontecer nada para elas. Pedi para meu mentor, o Hilário, me explicar.

— Ah, Calunga, cada um é um universo. O povo entende de uma forma muito ignorante, primitiva, mas a vida vê cada um de forma individual. Para cada um, é uma coisa diferente.

— Mas, Hilário, a vida faz diferenças?

— Ah, faz. Tudo na natureza é diferente: a cara, as impressões digitais. Se tudo é diferente, a natureza não

trata todo mundo igual. Trata com o mesmo respeito, o mesmo capricho, mas ela não faz tudo igual. É cada um por si.
— O que quer dizer essa coisa de cada um por si?
— Calunga, tem gente que acredita nessas coisas do "tem que pagar o mal que fez". Para essa pessoa, é a lei do faz e paga. Agora, tem gente mais evoluída que diz: "Não é assim. Fez porque era ignorante. Não adianta fazer pagar. Tem que ensinar a pessoa a aprender a fazer certinho". Para essa pessoa, a lei é a do ensinar com amor. Então, para cada um é uma lei. As pessoas escolhem no que querem pensar e acreditar. E cada um vai pelo que pensa.
— Mas, Calunga, se eu fiz uma coisa tão errada no passado...
— O que é o erro, minha filha? Tudo depende da evolução. Se você é uma criancinha, na espiritualidade, tudo o que você faz é do jeito de criancinha. Se é uma mulher, tudo o que faz na espiritualidade é digno de uma mulher. Então, nada é errado. Cada coisa na sua idade. Se um indivíduo faz um ato, é o que ele conhece, é o que ele sabe na evolução dele. Está tudo sempre certo aos olhos de Deus. E assim é a vida. Tudo é relativo ao nível de evolução de cada um.
Se uma pessoa primitiva, um guerreiro, mata para defender seu povo, ele está fazendo o melhor dele. Então matar, no caso dele, não dá esse carma, porque ele faz o melhor que sabe. Até que ele aprenda a resolver as questões políticas, econômicas de forma diferente, ele ainda vai agir assim. Por isso, cada um age de acordo com sua moral, com seus conhecimentos, com suas experiências, com os valores que abraçou. E certos valores levam a pessoa a criar o mundo em que ela vive. Muita gente considera a riqueza um perigo, uma perversão. Essas pessoas, devido ao medo ou preconceito, afastam a riqueza da vida delas. E como elas acreditam que a pobreza é melhor, estão sempre reencarnando pobres. Vocês dizem:
— Ah, que carma. Eu nasci pobre, porque no passado tinha dinheiro e não dei valor.

Mas não é assim que funciona a lei do carma. É assim: eu acredito que pobreza é melhor. Então, sempre nasço pobre. O outro acredita que riqueza é que é bom. Nasce sempre rico. Há quem acredita que ter muita saúde não é bom, porque quem é fortona não tem desculpa para não fazer as coisas e também não ganha colo. Ser miserável, coitada, no planeta de vocês, é bom, porque os outros dão atenção, carinho. Então é sempre bom a gente ter uma doencinha para arranjar carinho e desculpa. Saúde total não é bom. Por isso, vocês sempre estão com alguma porcaria: uma espinha, caspa, porque acham que é bom. Outras pessoas dizem:

— Ah, a vida é uma luta.

São as pessoas que gostam de parecer heróis, valiosos, porque acreditam que só tem valor quem sofreu, penou. E porque foi para a frente com sua força, ela tem valor. Uai, minha filha, sua vida nunca vai ser facinha. Morre, vem para o mundo astral e tudo continua difícil. Reencarna numa família cheia de dificuldades. Volta para cá e é só dificuldade. Vai para aí e é sempre a mesma coisa. Isso porque você acredita que as coisas fáceis são perigosas, porque levam a pessoa à irresponsabilidade, à atrofia, aos caminhos do perigo e da perdição.

— Deus me livre de ser uma pessoa boba, fútil, com tudo fácil. Eu quero lutar para conseguir as coisas, porque só lutando que a gente é herói e tem valor.

— É a sua lei, minha filha, porque você crê nisso. Então, sua vida é assim.

— Ah, que carma, Calunga. Nem bem acaba uma coisa, começa outra. Não tenho paz neste mundo. Quando não é um, é outro.

— Mas é você que quer assim, coração, porque você não acredita na vida fácil. Acredita que a vida é uma provação, uma escola de sofrimento e dor, ai, ai, ai.

Então, você só vai ter sofrimento, dor e ai, ai, ai. Quando acaba uma coisa, as forças em você vão procurar mais dor para trazer para sua vida. Você mesma diz que não pode ser muito feliz, porque ser muito feliz é perigoso, porque amanhã pode ter uma desilusão e vir a sofrer. Você é cheia de tabus contra a felicidade. A infelicidade faz parte de você se sentir segura, defendida, então a vida vai procurar as infelicidades para lhe trazer, mas é você que está escolhendo. Não é Deus, não tem carma, não. Não tem nada de faz e paga. São seus pensamentos e suas crenças. Você acredita no pior, não acredita na felicidade e no amor.

— Ah, amar é perigoso, porque quem ama sofre, quem ama é rejeitado.

Por isso, vocês não querem amar para não sofrer. Mas quando ficam sem amor, dizem:

— Ah, é meu carma, porque no passado eu abandonei a família, abandonei o amor. Então agora não tenho amor para pagar por tudo o que desvalorizei. Tenho que sofrer para aprender o valor das coisas.

— Uai, Deus não fez assim, não. Deus só fez você com o direito de acreditar no que você quer acreditar em sua mente. Se sua vida encruou é porque você está com ideias encruadas. Você pensa que chega aqui e vai dizer:

— Ah, eu sofri para pagar o meu carma.

Aí seu mentor vai te dizer:

— Que carma, minha filha? Não tem carma nenhum. Você perdeu foi tempo. Ficou no pacifismo. Não quis assumir a responsabilidade de se modernizar, de mudar seus pensamentos, de seguir para a frente e se renovar. Sofreu feito uma tonta. Vai continuar sofrendo, porque você acredita é nisso. Vai continuar sofrendo até a hora em que resolver mudar.

O planeta aqui é para você experimentar suas ideias, porque o que você acredita vira verdade. Se acredita nas coisas ruins, não é culpa de ninguém, não. Não meta Deus nisso. É problema seu. Não tem expiação nem prova. Não é exame. Por que Deus precisaria fazer exame? Para testar a obra que Ele bem sabe como fez? Então você pensa que Deus não sabe o que fez? Pensa que Ele é o quê? Ignorante? Ignorante é você, que acredita nisso. A natureza é perfeita, não precisa provar nada para ninguém. Você que acredita em prova, concorrência, competição para mostrar que é o bacanão. O que você acredita você vai

viver. Se para você é olho por olho, dente por dente, vai ser assim. É você que faz sua lei. Por isso Jesus falou:
— Pela mesma lei que você julga, você será julgado.
— Olhe lá o que você está fazendo. Vamos observar muito o que a gente está metendo na cabeça. Pois você só vê medo, perigo, fica inventando. Depois, quando não tem as coisas boas, diz que é falta. Deus não cria falta nenhuma, Ele quer que você se realize, porque, quando você se realiza, Ele se realiza através de você.

Agora, as pessoas são diferentes. Cada um crê numa coisa. Para você, não ter dinheiro e sucesso, muitas vezes, é um bem para evitar a responsabilidade, porque você morre de medo da responsabilidade, morre de medo da inveja dos outros. Então, é melhor não ter nada. Quando há aquela barreira que o impede de ir para a frente, diz que foi trabalho feito, que foi macumba, inveja. Mentira. É o preço da nossa ignorância, porque não tem esse negócio de carma como vocês pensam. É a pessoa que fica criando sempre a mesma coisa, porque ela acredita sempre na mesma coisa e depois diz que isso é carma. Se você só acredita em miséria, vai criar o quê? Miséria. Se você alimenta sempre a ideia de coitadinho em seu coração, onde é que você pode estar? Sempre na posição de coitadinho, uai. A vida o trata como coitadinho. Mas o dia em que você enche a paciência e diz: "Chega de coitadinho", você reage e a vida reage também.

Os outros não têm nada com isso. Tudo é você. Não venha me falar de Deus, porque Deus é perfeição. Deus é a vida. Mas é você que vai decidir, porque tem livre-arbítrio, poder de escolha. Agora mesmo você pode acreditar no que esse negro está dizendo ou nem dar bola. Você é livre. E quem pode com você? Ninguém pode. O que é seu é seu. Ninguém pega. Já foi dado, é seu. Seu poder de escolha é seu. Ninguém pode interferir aí dentro. Mesmo que eu tentasse interferir por fora, pressionando, você, aí dentro, poderia me rejeitar:
— Besteira.

Esse planeta aí é bom para quem é bom. Para quem pensa nas coisas boas, quem resolve largar os medos, as besteiras. Medo de responsabilidade. Uai, quem pode viver sem responsabilidade? Todo mundo tem e vai sempre ter. Por mais mendigo que você seja, tem que pensar no prato de comida que tem que arranjar. É sua responsabilidade manter você vivo, procurar comida nem que seja na lata de lixo. Quem que não tem responsabilidade? Todo mundo tem. Besteira. Quando a gente vai perdendo as besteiras, vai tirando as barreiras, os pensamentos atrasados que fazem da vida da gente um inferno.

Tem gente que sabe fazer as coisas boas, mas não faz. Se a pessoa já aprendeu a resolver o problema dela através da negociação, do jeitinho, se já sabe fazer umas coisinhas um pouco melhor mas, de repente, resolve apelar para a guerra, para a matança, para a ignorância, essa pessoa, no primeiro tiro que der, leva outro na cara. Volta para ela. Mas só volta olho por olho, dente por dente, se a pessoa não estiver fazendo o melhor dela. Se, logo em seguida que ela levou aquilo, resolver mudar, acaba tudo.

— Não, não, vou fazer o meu melhor.

Fez o melhor? Acabou tudo. Doença, sofrimento, tudo isso é criado por nós e pela nossa ignorância. Se você está fazendo seu melhor, as coisas vão bem. Muitas vezes, para você, o melhor é evitar o dinheiro, porque assim você não tem problema. Então, quando está atraindo o melhor para você, está atraindo pobreza, porque ser pobre é o melhor. Mas o que é o melhor para você? Provavelmente não é o que você sonha, o que gostaria, mas é o que você acredita. Acredita que riqueza é perigoso. Então, na hora do melhor, o que vem? Pobreza, porque você acha que é bom.

Não ter amor é bom, porque você fica seguro. As coisas complicadas, é bom, porque têm valor. Então, você fica caçando as coisas raras, difíceis, para se sentir valorizado. Compra aquela pedra rara, aquela roupa rara, só para se sentir valiosa. Uai, quando você procura o que é bom, vem o quê? O difícil. O seu critério do que é bom é o difícil. Foi você que fez. O dia em que mudar: "Não, só o facinho que é bom", vem tudo fácil. Tudo está na cabeça da gente, as melecas das porcarias em que está acreditando.

A maioria das pessoas para acreditar em besteira é um desgosto. O outro falou, já acreditou. Ouve as bobagens que os outros falam. Parece que tem preguiça de pensar. Mas a vida judia, porque o que você planta você colhe. Então, vai ter que repensar em tudo, queira sim, queira não. Pois você é a lei. Você falou, declarou, está escrito. Xingou o outro, desejou para o outro, vem no seu caminho. Quando desejou, declarou e quando declarou virou lei. Essa lei vai ser para você também. Vocês acham que condenar resolve? Você condenou o outro, você está condenado por sua própria frase. Quando você passar perto da situação do outro, vêm todas aquelas cargas ruins em sua cabeça. Foi você quem fez, não foi Deus, não. Você acredita, investe, põe seu poder de crença, então você cria. Você é o criador. Nós somos formas do criador, somos partes de Deus. Então somos o Criador e criamos tudinho. Agora, vocês ficam falando que tem a lei. Não é isso, não. Você que é a lei. Não venha dizer que é Deus, porque Deus só fez uma lei: você é a lei.

Minha gente, vamos compreender e vamos parar de ter uns conceitos errados e antigos que não nos levam a melhorar. Esse pacifismo de carma, de vítima, de coitado está mal interpretado. Isso não leva você a melhorar sua condição espiritual, sua condição de vida, material, condição amorosa, sua evolução interior. Isso não resolve. Vamos dizer:

— Espera lá. As coisas não são assim. Não posso aceitar que o Universo criou essa injustiça. Me fez ignorante para depois ficar me punindo? Por que já não me fez inteligente, para eu não fazer besteira e não ter necessidade de ser punido? Vocês nunca pararam para perguntar, não? Se alguma coisa está errada, foi o Criador que fez errado.

As pessoas não perceberam que seus valores e crenças é que estão criando as coisas na vida delas e ficam achando que tudo é castigo. Não é nada. Vocês se espantam, gritam e xingam que não têm amor, um pingo de compreensão, mas vocês têm medo do amor, da felicidade, do dinheiro, da saúde, medo de tudo. Tudo ameaça vocês. E

como fica a vida? Essa porcaria que está aí, tudo pela metade, tudo aos pedacinhos, tudo faltando.
— Ah, as minhas faltas...
— Falta do quê, meu filho? É você mesmo que faz, porque não quer ter por completo. A natureza não está negando. Hoje mesmo, se você quiser, tem amor, tem fama, tem dinheiro, tem saúde, tem tudo para você, aqui à sua disposição. Deus não nega nada, porque, se negasse a você, estaria negando a Ele mesmo, a tudo o que Ele criou, a tudo o que é Ele. Deus não está negando, não.
— Ah, mas está negando para eu aprender.
— Por que tem que aprender pela dor? É você que acredita nisso. Muita gente não sofre e tem tudo. Por que a pessoa nasceu com tudo? Beleza, família boa, dinheiro, educação aprimorada, tudo vem facinho, por quê? Por que eles têm o bom e você, não?
— Ah, porque eles não pecaram.
— Que pecaram, minha filha? É que eles são espertos. Acreditam em coisa boa, não em porcaria. Tanta gente neste país acha bonita a pobreza, acha que é vontade de Deus, doença é vontade de Deus, até a morte acha que é vontade de Deus. Vocês não percebem nada. São o quê? Vítimas de Deus? É isso o que vocês querem dizer? Que Deus é cruel? É isso o que vocês pregam? Por um lado, vão lá e rezam, puxam o saco de Deus: "Ah, meu Deus, me ajude! Ah, meu Deus, tenho fé".
Por outro lado, ficam falando mal de Deus, que é ruim e fez tudo isso. Vocês são muito atrapalhados. Uma ideia não combina com a outra, é incoerente. Ou Deus é ruim ou é bom. Os dois não dá. Se Deus é bom, então está tudo certo. Se Ele é perfeito, está tudo certo. Então não é Ele que está fazendo isso, não.
— Não, Ele é bom. É que Deus deu o poder para nós.
— Ah, já começou a ficar melhor. Se o poder é meu, então posso mudar quando eu quero?
— Isso pode. Não impede que você mude, que melhore. Não impede que você pegue tudo o que tem direito, todo o bem e toda a bênção que todo ser humano merece.

— Mas, Calunga, se o ser humano está sofrendo, então é porque ele não merece?
— É ele que achou de não merecer, porque ninguém o julgou. É ele mesmo que se põe na condição de inferior, de coitadinho, de porcaria. Uai, ele preferiu ficar naquela condição enquanto a vida mostrou, com o exemplo do vizinho próspero, que ele tinha outra opção. O vizinho foi para a frente, enquanto ele fica lá, encruado. Uai, culpa de Deus? A todo momento tem exemplo de gente próspera, tocando para a frente a sua indústria, sua vida emocional, tantos exemplos por aí. Você pára para perguntar ao dono da loja:
— Puxa, meu senhor, vejo que sua loja anda crescendo tanto, o que o senhor anda fazendo?
Mas não procurou ver como é a cabeça, as ideias dessa pessoa. Foi procurar conhecer? Qual a diferença entre você que casou com essa porcaria de marido e sua colega que está com aquele homem bacanão? Foi lá conversar com a colega para ver o que ela pensa do casamento, do amor? Vai ver que as atitudes dela são tão positivas que ela tem uma relação muito boa. Vai aprender muito com quem tem, porque com quem não tem não se aprende nada. Tem gente de todo tipo à sua volta. Agora, se não quer aquele exemplo, você tem liberdade de escolher. Você não é livre? Então, não culpe os outros. O responsável é você. E vai ficar assim até que você mude, que você canse, porque Deus não interfere. Você pensa que a gente corre atrás de vocês? Os mentores me dizem:
— Não, Calunga, não pode interferir no livre-arbítrio dos outros. A pessoa escolheu porque acredita assim. Precisa respeitar o ser humano.
— Mas ela está sofrendo...
— Não pode interferir. É a decisão da pessoa. Ela escolheu, Calunga. Não se meta, senão você vai se complicar. Você não é um mentor? Precisa aprender a ajudar.
— Mas como é que ajuda, Hilário?
— Tem que esperar amadurecer na hora certa, para que a pessoa se renda, para que esteja aberta para olhar, aberta para mudar. Ela resolveu largar as ideias ruins,

67

assumir a responsabilidade? Então, sente perto para dar uns palpites no ouvido dela. Não escutou? Volta daqui a dois anos. É assim, não tem jeito, porque é o livre-arbítrio da pessoa. Você joga a corda e ela não quer pegar. Então ela que fique no buraco, o que eu posso fazer? Eu não posso descer lá embaixo para pegar ela. Ah, isso não! Também já é demais. É abuso! Então, eu vou lá tentar de novo. Às vezes, eu estou prontinho para ajudar a família, para botar uma energia, mas chego lá e está todo mundo impedindo a entrada da luz e do bem. Todo mundo com medo disso, medo daquilo, está até com medo de ser feliz. Acham que felicidade é perigoso. Então, eu não posso fazer nada.

Eu digo:

— Pois é, Hilário, não está maduro, não?
— Não está, não. Tudo tem sua hora, tenha paciência!
— O povo está chorando...
— Deixe chorar, porque choro é só fita. Quando a coisa é séria, ninguém nem chora mais. A pessoa toma medidas, muda por dentro. Mas enquanto não mudar por dentro, ninguém pode fazer nada por ela, nem eu, nem os mentores, nem Deus. A ordem aqui é respeitar o ser humano nas escolhas que fez, nas decisões que cada um toma, porque todo mundo é livre para experimentar.

...mexa-se!

Que satisfação a gente pegar uma coisa que está suja e limpar. Que prazer a limpeza! Pegar uma coisa desorganizada e a gente vai ajeitando, ajeitando e quando vê está tudo bem, tudo organizado, tudo certinho no lugar. Como é bom as coisas no lugar certo. Tudo tem lugar certo, tudo tem hora. Esse povo bagunçado que está aí também tem bagunça na cabeça, porque gosta de tudo bagunçado, relaxado, de qualquer jeito. E cada vez mais, nesse relaxamento, vai criando confusão, barulho, problema e desperdiçando a energia da vida, que é tão importante.

A paz depende de você conquistar o equilíbrio. E o equilíbrio depende de você conquistar a ordem. Organizar sua vida, as coisas, os objetos, os trabalhos, os horários para as coisas, não querendo demais, organizando com uma certa folga, com capricho para você fluir com equilíbrio na vida.

É preciso não deixar as gavetas abertas depois de tirar o que você queria. Abre, usa e fecha para que haja ordem. Na vida interior, parece a mesma coisa. A gente começa uma coisa e, antes de ir para outra, acaba aquela. Acaba as coisas do passado que já passaram. Não deixa o ressentimento daquilo que não deu certo continuar com essa gaveta aberta. Passou, passou. Acabou, acabou. Não deu certo, não deu. Vamos começar de novo. Mas vamos fechar a gaveta primeiro para abrir outra.

Não adianta a gente querer ir para uma vida nova, uma função nova, uma tentativa nova, se a outra não está ainda acabada. Quanta coisa inacabada que vocês têm. Precisa acabar as velhas coisas, aquela situação ruim que você deu uma bola fora. Você errou e todo mundo riu. Você ainda está guardando aquilo, em vez de dizer:

— Bom, riu, riu. Já foi, já foi. Acabou, acabou. Não vou guardar isso. Vou fechar a gaveta para abrir uma outra. Hoje é um novo momento, quero que seja uma gaveta nova. A gaveta foi, foi. Passou, passou. Eu não quero mais nem saber.

A gente precisa ter ordem mental. Você assistiu a um programa de televisão que a impressionou. Ora, desligou a televisão, você vai desligar as impressões:

— Não quero mais essas impressões, esses pensamentos. Acabou, acabou. Não quero mais ver, não quero mais pensar.

Ou você pensa o que quiser pensar e depois diz:

— Bom, agora chega de pensar nisso, porque não vale a pena e também não tem mais nada de bom para tirar. Então, acabou. O que tirei, tirei. Acabou, acabou. Já que acabou, fechei a gaveta e vou para outra coisa agora. Quero dormir com as gavetas todas fechadas, tudo acabadinho, tudo em ordem para ter um sono tranquilo, gostoso, reparador.

Mas vocês não fecham. Fica tudo aberto. Vão deitar e não têm sono reparador coisa nenhuma. Acordam já de manhã poluídos, cansados e metem mais uma porção de coisa inacabada. Fica aquela confusão de coisa daqui, de coisa dali, de conversa daqui, de conversa dali, de tudo o que você passou e o que você sentiu. Tudo naquela confusão. Isso vai dando um cansaço, minha gente, mas um cansaço, que é uma coisa. Um desgaste!

A gente precisa de ordem mental. A mente precisa de ordem, mas vai entulhando tudo em sua casa, entulhando, entulhando, e larga as gavetas abertas. Como vai ficar sua casa daqui a pouco: aquela bagunça, desordem, junta sujeira, junta bicho, quebra as coisas, estraga. E se perdem as coisas boas, não aproveita e vive naquele ambiente tumultuado, cheio de energia pesada e aquela vida que vai ficando cada dia pior.

Como na casa, no mundo interior é a mesma coisa. Uma empresa, para ir para a frente, ela se organiza, ela põe as coisas no lugar, as funções de cada um, põe uma ordem. Quanto mais ordem tiver e se a ordem for bem inteligente, bem aprimorada, então o fluxo da empresa é fácil, o trabalho fica fácil, a empresa produz, os empregados podem então reivindicar seu aumento, melhorando sua qualidade de vida e seu salário. As coisas vão para a frente e todo mundo ganha. Mas se é aquele chefe, aquele dono que larga, que negligencia os impostos, que negligencia suas papeladas, que deixa os empregados fazer o que querem, e um numa coisa, outro noutra, vira uma confusão, que não produz, que não tem dinheiro, que os empregados vão embora, vão dar parte de você no Ministério da Justiça e aquela confusão, aquele atravanco. Quando você se dá conta, perdeu o seu negócio. Então, o sucesso de um comércio, de uma empresa, de uma oficina depende da organização, que você chama de administração, gerenciamento, não é verdade?

Na escola é a mesma coisa. A professora tem que ensinar tudo na hora, porque se ela ensinar tudo de qualquer jeito, uma coisa assim, outra depois, a criança não aprende, não. Fica na confusão. Ela tem que ir cada pouco numa coisa, em ordem crescente de dificuldade. Se não tiver ordem, a criança não pode aprender e ela não vai conseguir ensinar. Tem que gerenciar a educação, as informações para ir, aos poucos e da maneira adequada, fornecendo os elementos para a criança se desenvolver no raciocínio e na inteligência. Por isso que a professora boa é organizada. Tudo tem ordem, tudo tem sua hora, tudo é direitinho. Ela tem a letra muito bem-feita para a criança copiar direito. Ela fala tudo clarinho, fala bem o português, bem organizado o pensamento, as matérias que vai dar, os cadernos todos encapados. Assim fica aquele ambiente gostoso na sala, as crianças não ficam ansiosas, perdidas e tudo vai indo que é uma beleza. A classe avança.

71

Se isso tudo é tão importante para a gente fazer as coisas direito e chegar aonde quer, por que a gente não faz na cabeça? Me conte. Se na cabeça o mais importante é a gente botar ordem. Ah, meu Deus do céu, botar ordem por dentro para ter paz, para ter equilíbrio, para chegar facinho aonde se quer. É o pensamento que tem que ter ordem, são as emoções que têm que ter ordem. Não tem ordem, tem confusão e se paga caro por isso. Se você não quer passar pela ordem, pela disciplina, você vai ficar no escracho. Sua vida vai ser escrachada, sua vida emocional uma confusão, sua vida mental um problema, porque você já não sabe mais o que pensar, não sabe nem por onde começar. Vai dar o desespero, porque desespero é bagunça interior. Não me venha com essa coisa de que você não tem culpa:

— Ah, coitada de mim, estou desesperada?
— Olhe, vou dizer para você: nem escuto.

O quê? Essa bagunceira, revoltada, relaxada com ela? Vou ficar eu aqui ouvindo esse miado de gato no meu ouvido? Vou, não! Uai, por que eu vou? Já sei que é uma bagunceira. Não vou cair nessa arapuca. Vou chegar para ela e conversar:

— Olhe, minha filha, você está desesperada porque é uma relaxada com você.

Se ela se zangar comigo e não quiser me ouvir, paciência! Uai, quem vai sofrer é ela. Eu ainda estou dando para ela a verdade.

— O que você fez com o seu tempo? Ficou fazendo o quê? Educou você? Botou ordem? Tratou de você?
— Não, eu estava cuidando de filho, de marido, de não sei quem, sei o que lá mais.
— Olha, minha filha, você é tontona. Não faz o trabalho que precisa fazer com você, depois paga o preço. Agora, quer que eu faça o quê? Bote ordem na sua cabeça? Como um defunto pode botar ordem na sua cabeça? Milagre? Uai, ainda não sou Deus para fazer milagre. Se fosse detentor de todo poder, pode ser que eu pudesse fazer. Mas acho que se nem Deus está fazendo é porque Ele também não pode, pode não, porque Deus faz tudo o que

pode pela gente. É a lei do amor. Ele vive na lei do amor. Se Ele não fez é porque não pode. Se Ele lhe deu o poder de fazer e você não fez, Deus não vai se meter, não. O que é Dele, Ele faz. Agora o poder é seu. Você põe ordem ou desordem. O que você quer pôr na cabeça? Põe desordem, preguiça, resistência. Não é cooperativa com sua natureza. A natureza que não se cuida morre que nem planta. As plantações, se não cuidar, não dão nada. Chega na época da colheita, não deu nada. Olhe, minha filha, você que está aí nesse desespero, vamos ficar quieta, parar com esse escândalo todo e considerar:

— Uai, estou aqui nessa vida confusa, tudo perdido, porque eu também não pus ordem em nada. Quanta porcaria que eu já deveria jogar fora e não joguei. Quanta coisa que eu deveria limpar em mim. Toda semana tenho que fazer um bom trabalho de limpeza comigo: o que vai ficar, o que não vai ficar, as gavetas e os armários que eu tenho que fechar, as coisas que eu passei, mas que acabou, acabou. Não quero ficar com essa impressão, não é verdade? Procurar ver o que quero abrir, onde vou pôr meu pensamento, minha intenção, o que vou fazer com esse sentimento, como vou acreditar na vida, onde vou pôr minha fé, os exercícios interiores, as leituras sadias, as coisas que vou escolher para criar para mim um sistema bem organizado, bem forte para enfrentar meu dia a dia. Hein, companheiro, me conte.

— Eu estou com problema...

— Você só sabe ficar com problema. Que problema, meu filho? A vida não tem problema nenhum. A sua cabeça que é problemática, confusa, vê tudo difícil, vê tudo negativo. Que besteira esse negócio de ver tudo negativo! Por que você não corrige isso? Corrija tudo isso. Quando começar a ver tudo negativo, diga:

— Pára! Devo estar vendo tudo torcido. A vida é boa. Ah, não vou ficar vendo as coisas pelo lado pior, não! Vou ficar pelo menos quieto. Se não sei ver pelo lado bom, se tenho medo de me iludir, pelo menos o negativo não vou, não. Prefiro não pensar nada e deixar a situação ir se mostrando para ver o que vou fazer a ficar pensando

besteira, seja ilusão do certo ou do errado. Não quero pensar nada.
Assim, vai dando uma calma. Não precisa adivinhar as coisas. Vocês adivinham, em vez de ver as coisas como são mesmo. Parece que todo mundo tem bolinha de cristal. Em vez de ver de verdade, querem todos imaginar. Uai, a cabeça que imagina demais acaba toda enlouquecida. Imaginação é boa do jeito certo, na hora certa, porque senão, meu filho, é uma faca de dois gumes. Cuidado! Administre melhor essa imaginação. Administre melhor suas escolhas, companheiro. Você é livre para escolher, mas vê lá o que você está escolhendo. Olhe bem claro. Muita calma, que você é delicado. Você é um ser humano, um aparelho complexo e delicado. Vá com jeito, vê lá, porque quem escreve o seu destino é você.
Você também precisa pôr na prática as coisas que já sabe. Precisa tirar essa hipnose que você entrou de fazer as coisas sempre iguais. Precisa arrancar, dizer: "Não! Agora as coisas são assim", com firmeza, para você caminhar para a frente, para poder digerir e usar o que aprendeu de melhor. Precisa de cuidado, insistência, atenção, ordem, disciplina. Força com você, no bom sentido. Vê lá se não vai se machucar.
Ginástica, a gente tem que tomar cuidado para não fazer demais e arrebentar a gente. Tem que ser tudo direitinho, na hora certa. Com disciplina, você vai crescendo os exercícios, os músculos vão melhorando e vai ficando cada vez mais hábil. Mas tudo tem um caminho, uma disciplina. Se você não aceita a disciplina, se está na ilusão de que ser livre é ser anárquico:
— Ah, porque só faço o que eu quero e se estou com vontade, Calunga.
— Tá bom, minha filha. Mas não queira o que você não planta. Não me venha com a choradeira depois dizendo que não tem. Porque quem quer precisa plantar e quem planta precisa cuidar, senão os bichos comem. Precisa prestar atenção na planta todo dia para ver se ela está indo bem. Precisa de água, de adubo, de sol. Precisa dar uma olhadinha, uma namoradinha todo dia, que ela vai. Sem

namoro não vai nada, não, hein, filha. Não estou falando para forçar você, estou falando para namorar. É a persistência, é o carinho, é o cuidado. Cuidado é disciplina. Água precisa, dia sim, dia não, dia sim, dia não. Tem que entrar na disciplina. Se puser dois dias em seguida, ela pega água demais e pode fazer mal para ela. Se pular um dia a mais e ficar três dias sem água, ela pode começar a ter problema. É dia sim, dia não. Depende da receita e depende da planta. Toda planta tem que ter uma disciplina para ficar bem, no melhor dela.

Ginástica também, minha gente. Tem que ser todo dia um pouquinho, senão não dá resultado. Então, a gente vai e faz um pouquinho e no dia seguinte mais um pouquinho. É todo dia, é cinco vezes por semana. Quando puder e quiser um propósito maior, tem que apertar essas horas. Tem que apertar o tempo, tem que apertar o número de exercícios. Tudo é disciplina: o que você vai comer, o que vai pôr para dentro para não estragar seu corpo, que tipo de alimentação, que tipo de dieta, porque não se pode comer de tudo nesse mundo, não.

Que tipo de dieta mental você vai fazer? Me conte. Você não faz dieta mental? Está no abandono? Tem uma série de coisas que não vai querer ver, tem uma série de coisas que não vale a pena pensar, vá separando. Em que vai pensar essa semana? Essa é a semana do "eu me amo". Então, vou fazer tudo o que eu sei do eu me amo. Semana que vem? Ah, a semana que vem é do "eu sou forte". E assim vai, fazendo suas dietas mentais, trabalhando daqui, trabalhando dali e quando você vê está forte, está firme, nutrida, está cheia de qualidades, está cheia de coisa boa que desenvolveu. Mas sem disciplina não tem jeito, não! Não me chame, porque eu sou que nem Deus. Eu, hein? A pessoa fez a cama, agora deite. Não tenho pena, não. Uai, por que vou ter pena de você? Você é um ser que nem eu, desgraçado pela própria vontade. Você acha que é um desgraçado?

— Ah, Calunga, não sei, sou inocente...

— Não vem chorando feito gato perto de mim. Não vem, não, porque os livros estão aí, os cursos, as

oportunidades estão aí. Os bons exemplos estão em volta. É só procurar um pouquinho. Boa vontade para ensinar? Ah, o povo quer ensinar o que sabe. É só perguntar, o povo ensina, o povo é bom. Vixe, como o povo é bom para ensinar as coisas. O povo quer ajudar. Perguntou, o povo já diz: "Ah, vem cá, minha filha, que eu te ensino, te dou a receita". Você não pega porque não quer pegar.
— Ah, mas eu quero feito, né, Calunga? Não quero ter o trabalho de fazer. Vou lá na padaria para comprar pronto. Vou no mercado para ver se tem congelado.
— Não exercita, como é que vai fazer? Vai perder a mão na cozinha. O dia em que quiser cozinhar bem para agradar a quem ama, perdeu a mão. Ah, mão de cozinheira também se perde. Por isso que precisa praticar pelo menos um pouquinho. Está certo que você não pode todo dia, está cheia de fazer só isto a vida inteira, então botou uma cozinheira. Você pode? Então, está bom. Mas volta e meia, vá para a cozinha um sábado ou um domingo para não perder tudo o que você aprendeu. Não deixa perder a mão, vá lá bater um bolo, entendeu? Ah, porque agora você virou uma madama, vai ficar o quê? Sonsa, tonta, mesmo? Ora, se ficou uma madama, aproveita bem o seu dinheiro e o seu tempo para enriquecer o seu espírito e não ficar aí nessas besteiras para cima e para baixo. Vá desenvolver seus outros talentos para não ficar nessa moleza e lentidão e acabar no tédio.
    Ah, como tem gente encruada nesse mundo! Você é encruada? Aquela vida que não anda, bloqueada, frustrada porque você fica na hipnose da vaidade e não vai fazer o que gosta. Não se valoriza e não valoriza as oportunidades da vida. O povo gosta de ficar na inércia. Sabe o que é inércia? Não é só o povo que não faz nada, aquele povo preguiçoso que fica o dia inteiro na rede. Este também pode estar na inércia, mas tem gente que faz tudo regularmente igual. Até a queixa dos problemas é tudo igual, tudo igual, tudo igual. Então, está na inércia também. Cuida dos outros e não cuida de si. Faz que faz e não sai do lugar. Está na inércia, tudo igual, parado.
    — Ah, Calunga, eu trabalho o dia inteiro!

Mas será que você fez algum progresso com você, está mais feliz, mais realizada?
— Estou não, Calunga! Só estou mais cansada.
— Uai, então você está na inércia. É a inércia que cansa. Está aí paradona no mundo. Você também, companheiro, está na inércia: tudo igual, tudo igual, tudo igual! Não andou nada? Não teve nenhum ganho? Só está mantendo a subsistência da vida pagando as contas? Vixe, você está é morto! Está mais defunto do que eu. Até pior que eu, pois é defunto do tipo enganado, iludido. Pensa que está vivo, mas não está vivendo de verdade. Vai chegar aqui e ficar com a mesma cara de desesperado, sem graça de ver que ficou feito múmia, que não fez nada. Só tomou espaço no mundo. Que inferno!
Então, vamos fazer dessa vida uma coisa boa, saudável, aproveitável, que faça a gente ficar feliz. Não só por causa do amanhã, não! Embora o amanhã seja importante. Se a gente cultiva hoje, sabe que amanhã vai ter com que dar conta do recado, porque a vida sempre cobra. Mas a gente está pensando na gente, em valorizar nossos potenciais, porque a vida é sempre cheia de potenciais. Ah, meu Deus, o que tem de potencial...
Se você soubesse tudo o que sua mão pode aprender a fazer. É infinito! Não tem livro que possa pôr todas as coisas, todos os verbos, todas as obras que sua mão pode fazer. Com a ajuda dos pés, das pernas, dos braços, a coisa aumenta mais. E com a ajuda da inteligência, então, o que você não pode?
Não tem nada que você não possa! O que você pode vir a sentir, experimentar, conquistar, usufruir, realizar, ter prazer. Quantos verbos tão bonitos! Isso porque você saiu da inércia, passou à ação. Não a ação automática, não a ação inconsequente, viciada, feito um burro de carga, não é isso, não. É a ação renovadora, a ação do desenvolvimento, a ação no crescimento, na crença e na busca do melhor.
Ah, como é bom gente inconformada que vai buscar o melhor. Pois tem tanto melhor aí para você viver. Não

se deixe cair nessa encrenca toda. Não fique aí arranjando desculpa:

— Ah, Calunga, é por causa da família. Tem os filhos, o marido. Ah, porque sou casada e a sociedade cobra, exige. Então, a gente precisa se sacrificar.

Os homens também entram nessa:

— É, Calunga, a gente tem as responsabilidades. É chefe de família. As coisas estão difíceis, cada dia pior. A sociedade está cada dia mais difícil, o dinheiro está cada dia mais difícil...

— Como é que está mais difícil, homem de Deus? Se abrir a sua bolsa, tem um telefone sem fio. Como é que pode estar a cada dia mais difícil, me conte?

— Ah, Calunga, não tenho esse telefone, não tenho nem dinheiro para comprar isso.

— Então, meu filho, você é um homem lesado, um homem encruado, um homem estagnado. E não venha se queixar de sua miséria, que Deus nem liga. Pois está aí a vida cheia de chances e você não se mexe, criatura. Se mexa, levante esse traseiro da cadeira da sua inércia. Esse sofazão da sua inércia. Esse vale do sono da sua hipnose. Essa coisa que fica na gente encruando feito banana encruada, feito mesmo goiaba bichada. Pare com isso, meu filho, levante, reaja! Jogue essa porcaria fora, essa cabeça cheia de besteira, areje. Receba a bênção do novo! Procure que você acha, procure novas coisas para conhecer, procure! Largue dessa televisão, homem de Deus. Dê para alguém, dê para os pobres, vá procurar o que fazer. Não é que a televisão seja ruim, mas vocês usam de um modo tão ruim que, às vezes, é melhor mandar embora para parar com esse vício de não fazer nada. Que se divertir? Divertir é só ver porcaria na televisão? Ver filme? Isso para você é se divertir? Se divertir, minha filha, é o dia inteiro com as coisas novas, com as novidades. É com o livro, é com o curso, é com a proposta de trabalho, é com o desafio no emprego, é com o desafio em casa. É inventar moda dentro de casa: arraste os móveis, arranque tudo, dê um baile. Uai, faça qualquer coisa, meu filho. Invente gente para conversar, vá conhecer o que o outro sabe, vá perguntar como é a vida do outro, vá fazer qualquer coisa. Que inércia! Faça alguma coisa com você. Limpe por dentro, abra novas portas, liberte os seus potenciais, liberte o seu espírito. Vamos, meu filho. Não perca a chance, não perca a oportunidade. Ponha vida na sua vida!

PS: Este texto foi transcrito e editado da fita cassete Mexa-se *da Série Calunga, que se encontra à venda.*

...como fazer uma boa limpeza mental

Quando você for se deitar à noite, faça uma limpeza mental. Observe tudo o que vem à mente e vá só olhando. Aí, vá dizendo:

— Não quero isso em mim, não quero aquilo. Isso aqui pode ir embora, pode passar. Tudo isso é mentira. Nada disso me pertence, não tenho nada com isso.

Quando perceber que acalmou, comece a pensar nas coisas que têm a ver. Lembre-se das pessoas que você ama e imagine-se dando um abraço nelas, lembre-se das coisas bonitas que tem na sua casa, do progresso que fez no trabalho, de uma piada engraçada que alguém lhe contou. E aí você pega o melhor e repete:

— É isso aí que tem a ver comigo.

Lembre-se de alguém lhe pagando um dinheiro e diga:

— Ah, que coisa boa receber um dinheiro. Que bom!

E assim por diante, você se lembra de tudo o que foi bom: a comida que gostou, a fruta que comeu. Ponha, então, só coisas boas em você.

É preciso fazer essa limpeza psico-espiritual antes de dormir, minha gente. Senão, seu subconsciente vai ter um trabalhão e não consegue dar conta do recado. Você vai ter uma superatividade durante o sono que só vai cansá-lo ainda mais. É por isso que você já acorda cansado, ruim. Então, ponha tudo para fora. Largue tudo de ruim que o marcou e que o impressionou durante o dia. Tire a impressão assumindo a atitude de neutralizar dizendo:

— Ah, isso tudo é bobagem. Tudo isso é ilusão. Tudo isso é ridículo. Nada disso é problema meu. Já que não posso fazer nada com tal situação, também não quero ficar com isso em mim.

Vá tirando essas imagens ruins. Depois, alimente-se só de coisas boas.

Em seguida, chame as energias espirituais superiores: Deus. Evoque aquela energia para você, para sua casa, para os entes queridos, para seu trabalho, e ponha muita luz ali. Aí, você dorme gostoso, descansado. Seu subconsciente e seu inconsciente não vão ter tanto trabalho assim, porque você já fez a maior parte rapidinho, de um modo muito mais fácil do que o inconsciente, que, às vezes, demora horas e horas para poder digerir essa energia ruim. E para fazer isso, ele vai cansando e se desgastando. Então, faça esse trabalho você mesmo, na sua consciência.

Vamos acalmar e selecionar, durante o dia, as conversas com o povo. As pessoas ficam com tanto medo do dinheiro. Que coisa horrível! Claro que o dinheiro merece a nossa atenção, no sentido da economia, de saber ganhar e de saber gastar. Mas não podemos fazer disso o drama emocional que fazemos, desequilibrando-nos por inteiro. Não, minha gente, vamos enfrentar a parada. Sei que, às vezes, não é fácil, mas a maioria das pessoas chora de barriga cheia, porque tem medo do amanhã. Não aconteceu nada, mas ela acha que vai acontecer. Vamos parar com esse excesso de drama. Vamos ser frios. A frieza, nesse sentido, é equilíbrio, é paz. E essa frieza nasce de sua imposição interior:

— Eu não quero mais agir assim. Não quero mais essa aflição e esses pensamentos. Quero enfrentar a minha vida econômica com frieza, com inteligência e com ponderação. Não quero ter emoção de raiva, de medo, de insegurança.

Quando impõe isso, você, por dentro, acalma e se reequilibra. Age melhor em relação ao dinheiro e às questões econômicas. Encontra melhores saídas, melhores meios de administrar seus bens com paciência, inteligência e perseverança. E até melhores meios de ganhar mais dinheiro. É isso o que precisamos para lidar com os problemas materiais e econômicos. Agora, qualquer coisinha, um preço um pouquinho mais caro, já pega você de surpresa.

Pare de rezar, pare com tudo, porque você não vai ter jeito mesmo. Mas se resolveu ficar do lado do espiritualismo, por opção, pois que fique 24 horas por dia. É o preço. Por que queremos ser espiritualistas? Porque o espiritualismo ajuda a viver melhor. Agora, se você só é espiritualista na hora em que vai a uma reunião, na hora em que faz uma meditação ou na hora em que está conversando com o povo, isso é muito pouco. Não serve para nada.

A gente quer aprender essas coisas espirituais para viver bem o dia todo e não para viver bem cinco minutos, uma hora, e dali a dois minutos estar todo destrambelhado outra vez. Pense nessa responsabilidade que você tem consigo mesmo. Vamos filtrar o que chega a nós através da capacidade de nos impor.

...se não usar seus talentos, você encrenca com a natureza

Quando a insegurança de uma pessoa é muito forte e ela não deveria mais ser assim, pois já tem condições de ser melhor, de usar o que já sabe, a natureza não o protege mais e aquilo vai se tornando realidade e chega a criar instabilidade e problemas. Você foi crescendo, e aquilo que era responsabilidade da natureza foi passando a ser sua. Ela não o defende mais, pois nestas coisas você já é adulto e deve se defender por conta própria. Deus não mima ninguém.

Ai de você se não usar o que já sabe, pois vai ficar exposto às consequências. Se é sua a responsabilidade de responder pelo que já sabe, então não tem o direito de culpar ninguém, muito menos Deus!

Você já sabe, e a vida o ajudou a aprender e lhe deu a capacidade de se escutar e se cuidar, mas você não quer se escutar, não quer assumir o que é e se abandona no desculpismo, então vai levar uma boa bofetada. Você é diferente e seu caminho é diferente. O que você sabe é diferente do que o outro sabe. O que é o melhor para você é diferente do que é para o outro. Mas você gosta de se comparar e achar que também tem o direito e fica a escutar o que os outros falam. Daí, fica aí com medo do mundo. Então, você pode ficar surdo, pois a vida diz:

— Vou tirar a audição, porque essa pessoa não está mesmo se escutando e se dando valor.

Mas você pode começar a ser responsável por si assumindo que você é diferente dos outros e fazendo tudo do seu jeito.

— Só vou me escutar, só vou escutar a minha natureza interior. Vou fazer as coisas do meu jeito. Vou ser como eu sou, vou fazer como eu quero. E não vou ficar escutando esse povo que só tem besteira para dizer. Vou escutar minha voz interior, minha voz espiritual, minhas experiências.

Aí então, minha filha, seus ouvidos vão melhorar. Está vendo como funciona? É porque você usou os talentos que tem, mas se não usar já encrenca com a natureza, já encrenca com a saúde.

Por isso, vocês fiquem atentos. Tudo o que vocês recebem, têm que dar algo em troca. Desconfiem daquilo que parece de graça, porque não é, não.

Não podemos deixar de fazer o nosso melhor. Às vezes, a gente está bem, está sossegado, naquela vida boa, e os outros começam:

— Você precisa fazer isso, precisa fazer aquilo. As pessoas gostam de arranjar coisas para a gente fazer e criar necessidades que não temos. E ainda acham que estão fazendo um bem. "Você precisa ler este livro", diz o amigo.

Você, então, lê o livro, que diz assim: "O ser humano é um bicho atrasado. O ser humano está precisando de mais amor, de mais benevolência, tudo está errado e tudo precisa ser mudado". Você acredita no que lê e fica se olhando e vendo uma porção de defeitos em você. Aí fica louco para ver se consegue mudar você. Pensa que está trabalhando para melhorar. Sem se dar conta, cria um conflito com o seu jeito natural de ser e ele se torna uma doença, porque saiu do seu melhor.

Que coisa, não, minha gente? Nem sempre querer melhorar melhora. Às vezes, piora. Vê lá como é esse negócio de querer melhorar e acabar no pior. Vê lá se, com isso, você não vai fazer da sua vida um inferno.

Nunca se compare com nada e com ninguém. As pessoas gostam de idealizar, de imaginar, e acreditam que isto que imaginaram é o perfeito sem o menor respeito pela natureza. Daí, elas tomam tudo o que é diferente do seu modelo imaginário como algo imperfeito e repugnante, criando assim uma batalha com a natureza. A natureza reage e as doenças aparecem.

A natureza já é perfeita; é o homem que distorce tudo, pois não analisa as coisas com cuidado.

Se a pessoa falar mal de algo, é porque o mal está na cabeça dela. Por isso não lhe dê ouvidos ou vai se arrepender.

...para conseguir a paz, você tem que fazer a guerra?

A mãe que bate na criança para educar é uma mãe mais atrasada do que a que sabe conversar, que sabe levar o fIlho de outro jeito. Todo mundo sabe disso. Também a criança está naquele lar porque provocou o seu nascimento ali. Como ela acredita na violência, acaba atraindo para si uma pessoa ignorante e que, portanto, vai agir com violência, infelizmente. Claro que todo o trabalho para a evolução dessa criatura — que a gente possa fazer, um dia, para ela não mais bater no filho — é benéfico: aprender, crescer, melhorar. E todos estão aí para fazer, conforme a boa vontade de cada um.

Embora cada um só possa aprender aos poucos, há muito o que se fazer no campo da aprendizagem para vencer a ignorância. Mas, de resto, está tudo certo. Todo mundo é certo de acordo com a sua evolução, com seu conhecimento, com aquilo que pode, que aprendeu, que sabe e com o que não sabe. A gente quer tudo maravilhoso. Também está certo querer tudo maravilhoso, porque a gente tem uma força interior que quer melhorar. Quer ver mesmo tudo

maravilhoso. Até aí acho bom. Mas por querer ver os parentes bem, não devemos fazer disso uma guerra.
   Senão, vamos partir da ideia de que, para conseguir a paz, temos que fazer a guerra. Aí, vamos brigar com o filho, vamos brigar com o marido, vamos pelejar e nos meter na vida deles, vamos nos queixar e atormentar o companheiro. Eu sei que a sua intenção é boa, mas é um tormento. Pois você está querendo guerrear para fazer paz. Mas isso só vai causar mais guerra, porque vão guerrear com você.
   A pessoa ameaçada, que não tem evolução, vai reagir igual.

Quem é igual reage igual.
Quem é violento com os
outros é violento consigo.
O mundo então vai
tratar você desse modo.
Você é violento com a pessoa
e ela fica violenta com você.

   Daí as mães, os pais acham que é falta de respeito e abusam da criança. A mãe bate, castiga porque o filho respondeu para ela. Mas ela não percebe que, se foi grosseira com a criança, a criança responde com grosseria, e ela quer logo castigar. É triste ver essa ignorância. A mãe é autoritária e mandona, e o filho que ela tem é perfeito para ela: autoritário e mandão. Cedo ou tarde, ela vai pagar o que fez, porque ele vai devolver na mesma moeda. Ah, vai!

Por isso, minha gente, o melhor é ficar quietinho, não julgar ninguém certo nem errado, porque não tem nada mesmo errado. Todo mundo está experimentando as coisas. Aquela mãe meio ruim, parece que o filho é submisso a ela. Mas ele vai arranjar uma maneira de se vingar da mãe e de dominá-la, fazendo-se de submisso e de bonzinho porém incapaz de trabalhar, e ela vai ter que sustentar o marmanjão a vida toda. É, tudo tem jeito.

É interessante ver neste país como o povo quer experimentar a liberdade sem saber o que é liberdade. Aí vira tudo libertino. Cada um faz o que quer, sem pensar nas consequências. E quando não pensa nas consequências, o povo fica batendo a cabeça, mas isso tudo é bom para aprender.

Para tudo o que você quer tem um jeito. Se você quer um carro, tem que aprender a dirigir. Se quer um livro tem que aprender a ler. Quer o emprego? Tem que aprender a trabalhar. Quer o dinheiro? Tem que aprender a fazer conta. Não tem nada neste mundo que você possa fazer ou usar sem ter que aprender, sem ter que pagar um preço. Então, se você quer a liberdade, tem que aprender a usar, senão vai se machucar. Claro que não é por causa disso que vamos deixar de tentar. Nós vamos continuar tentando porque, com o tempo, vamos aprendendo.

Tudo exige aprendizagem. E a evolução é assim mesmo. É no dia a dia que a gente vai pelejando, exercitando, aprendendo e vai descobrindo como as coisas funcionam. Está tudo certo, minha gente!

...ninguém vai para a frente sem beneficiar os outros

Mérito não é só fazer o bem para alguém. Mérito é a posição certa, pois tem gente que nem faz tanto bem assim e tem mais mérito que os outros. Ela, por dentro, se posicionou direitinho. E vai para a frente. Agora, quem vai para a frente, queira sim, queira não, acaba tendo que beneficiar os outros, porque ninguém faz fortuna sozinho. Tem que ter empregados, tem que ter gente ajudando.

Não adianta o homem querer bancar o egoísta porque ele não consegue. É com as pessoas que ele faz família; é com as pessoas que ele faz fortuna; é com as pessoas que ele faz tudo quanto é benefício que ele obtém. Por isso, não há popularidade, não há sucesso que não tenha em si a ajuda ao próximo. Não tem mesmo. O egoísta não vai para a frente, porque ele fica esperando, esperando, esperando e não está trocando. E a vida exige troca. Exige a participação sua não só nas atitudes interiores mas também nos atos exteriores. Aí, tudo funciona. Essa é a lei. Não é filosofia, não é religião.

Observe as coisas em volta de você. Olhe bem quem foi, como é que foi, por que foi e também quem não foi que está aí parado, encrencado, por que está encrencado. Vá observando e verá que, por meio da observação, você irá compreender as leis dos movimentos da vida, as leis do Tao. O Tao representa as forças espirituais superiores, Deus. O Tao é o movimento do processo da existência, é a lei. É tudo e é a própria lei, porque tudo é lei, é movimento. É só observar que você irá entender o que estou dizendo.

...mude que assim você muda o mundo

— Calunga, nós lutamos tanto na vida e conseguimos ter as coisas materiais. Deus foi até bom demais com a gente. Mas meu marido compra as coisas e não usa. Temos carro novo e não usamos. Temos chácara e não vamos. Eu não entendo o porquê. Sei que atraí isso para mim, mas como sair dessa? — pergunta uma ouvinte do programa.

— Ah, minha filha, a gente não muda os outros. Muda a gente. O marido é um espelho seu. Você é igual a ele. Também é confusa, bagunçada. Não dá valor ao que tem dentro de si como pessoa. Você mesma disse: acho que Deus deu até demais. Deus não deu nada. Tudo o que tem é porque você conseguiu. O que Deus dá é a força, a vida, são as condições para se obter. Mas é a gente que conquista. Quem tem é porque foi buscar. Deus deu tudo para todo mundo. Quem está usufruindo é porque foi buscar. Portanto, é mérito da pessoa. Não é mérito de Deus, porque Ele já fez tudo perfeito.

Temos, então, que reconhecer os nossos valores. Ao mesmo tempo em que reconhecemos, por darmos valor a nós, organizamos a nossa vida, sabendo que felicidade é gostar de nós, felicidade é gostar do que se tem. Se seu marido é assim meio destrambelhado, é porque você também é destrambelhada. Ele é um espelho seu: é bom para ganhar, mas ruim para usar. Vá mudando você por dentro, lá com seus botões, mudando quieta. Diga para si mesma:

— Não é assim. Vou aproveitar tudo o que tenho em volta de mim. Sou uma pessoa ótima. Estou aqui porque tudo o que tenho fui eu, com os meus pensamentos, com a minha filosofia, que tomei posse daquilo que, naturalmente, Deus oferece a mim e a todos. O mérito é meu de ir tomando posse.

E vá se dando a paz, vá organizando melhor a sua casa, que é meio confusa. Vá organizando e, com isso, você vai entrando na ordem mental, na ordem interior, no prazer das coisas pequenas. Isso repercute no ambiente, que também começa a mudar.

É assim, minha gente. A mulher se queixa do marido que tem esse ou aquele problema. Uai, o marido é seu. Olhe para o marido, para o trem que você arranjou. É espelho seu, porque você é igual. Não adianta fazer cara feia, pois isso não muda nada. Se ele a trata mal é porque você também se trata mal. Você fala e ele não dá nem bola. E porque você também não escuta o que quer, o que gosta, o que sabe. Vai sempre perguntar aos outros se está certo. Você mesma não se escuta, não se dá valor: ah, quem sou eu?, e vai atrás dos outros. Os outros também não a escutam, não lhe dão valor.

O mundo o trata como você se trata.

Não adianta brigar com o povo, com o marido, com a esposa, com o patrão. Não perca seu tempo. Vá lá dentro e mude de atitude consigo e isso você pode fazer a hora que quiser. Escute-se, entenda-se, fique seu amigo. Não se critique mais. Deixe as críticas de lado, porque se você se critica, vai se pondo contra si. Fique a seu favor, vá ficando mais do seu lado, se dando mais dignidade, se metendo menos na vida dos outros e cuidando mais de você. Vá se valorizando. E aquela energia ruim vai saindo.

Quando vê, o povo está tratando você diferente, pois quem é considerado é porque já se considera. Observe as pessoas que todo mundo dá atenção, respeita e escuta. Como elas são com elas? Preste atenção e verá que o que estou falando é verdade. Não adianta brigar com o povo, querer enfiar na cabeça dele que você merece respeito, que merece outro tratamento, que o marido tem que ser diferente ou que os filhos têm que ser diferentes, que a esposa tem que mudar. Não adianta, gente. É você que está educando esse povo a tratar você assim.

Às vezes, o marido é até bom com a visita, bom com os vizinhos, bom com o pessoal lá no trabalho. É tão simpático que o povo gosta dele. Mas chega em casa, o homem parece uma mula manca, terrível! Porque é você que o faz ser assim. Repare bem, filha. Você quer mudar o mundo por fora, mas ninguém muda o mundo no mundo. A gente muda o mundo dentro de nós mesmos.

Quem muda a si, muda tudo, pois somos o próprio mundo.

O ambiente também sou eu. Eu não sou pequenininho, não acabo na minha pele. Tudo o que tenho posse, tudo o que está em volta de mim também sofre a influência desse "eu", como o resto de mim. Você quer mudar o mundo? Pode, pode mudar o mundo inteirinho. Mude-se, que assim você muda o mundo. Não mudou você, o mundo continua igual.

Repare, minha filha, é fácil constatar que isso é uma verdade. Estude a vida e verá que estou falando uma grande verdade. Aí vai ficar mais fácil, porque lutar contra os outros é o mesmo que nadar contra a maré. Só se arruma briga e confusão dentro de casa. Quer mudar os filhos, quer mudar a tia, quer mudar a mãe, quer mudar o pai? É só aquele conflito e você não chega a nada.

Vá pesquisar o que eu falei. Mude você, não em tudo, só naquilo que você é igual aos outros. Como eles a estão tratando? É assim que você se trata. Repare.

Conserte e verá como o povo pára. Dá sempre certo. Experimente, pois é na prática que se comprova. Esse negócio de muita filosofia não leva a lugar nenhum. É preciso sentir na prática, porque o efeito é imediato.

...a vida fala em cada experiência

A gente morre de medo da morte. Se começa a doer, a gente logo se rende. Mas, primeiro, grita de dor, se revolta e não aceita:

— Como eu estou doente? Como a minha vida está assim?

Chega o dia, no entanto, em que você se rende, porque a vida é mais forte. Então, você dá a mão à palmatória e diz a grande frase que todos nós deveríamos dizer sempre:

— Olha, Deus, seja feita a Sua vontade. Está tudo perdido mesmo. Eu vou morrer? Então vou morrer. Vou passar por uma cirurgia? Então vou passar. Vou ficar sozinho? Então vou ficar.

No momento em que você se rende, se rende à vida e deixa a vida guiá-lo. A vida é sempre muito gentil, muito leve, muito amorosa. A vida é uma grande mãe que o abriga no seio dela. E quando você cede para ela, quando sai da arrogância e das ilusões, a vida o dirige com nobreza, com profundidade, com uma elegância que só Deus tem, porque Deus é um ser de muita elegância, tem um senso de humor, de alegria e de leveza muito grande. É uma pena que a gente pense que Deus tem cara de homem. Por que será que não tem cara de mulher? É porque a gente está sempre achando que o homem tem que mandar.

Na espiritualidade, a gente vale o que é. Não é o sexo que conta. Claro que a gente continua com o sexo, mesmo depois da morte, porque estamos habituados com uma série de coisas que para nós ainda é importante. Mas a vida é muito grande. Deus tem a cara de todo mundo. Seria tão bom se a gente pensasse: "Ah, todo mundo tem a cara de Deus..." Olhe para o seu filho, ele tem a cara de Deus. Olhe para o cachorro, tem a cara de Deus. Tudo o que você olhar em volta, até a barata, tem a cara de Deus, porque Deus é uma coisa muito grande que está em tudo. E a gente precisa sentir esse tudo, essa grandeza na vida da gente.

Por isso, se você está desesperado, é porque anda sozinho. Esqueceu de carregar consigo as forças da vida. Deus acompanha a gente constantemente. Nas nossas ilusões, contudo, a gente pensa que está só, pensa que está sem as forças divinas. Mas como você estaria vivo se as forças divinas não estivessem fazendo você viver, se não estivessem dirigindo o seu corpo, o seu metabolismo? Se não estivessem garantindo o dia seguinte, o sol no lugar dele, garantindo você aí no seu corpo, garantindo o seu dia a dia? Como se poderia sobreviver sem isso, minha gente? Impossível.

Às vezes, na nossa lucidez, somos arrogantes. No fundo, sabemos que somos Deus também, mas na consciência pensamos que temos que fazer tudo sozinhos. Então, quebramos nossas ligações com as forças divinas em nós e os obstáculos aparecem e tudo fica parado até você voltar-se para dentro e dizer:

— Espera lá. O caminho que estou seguindo não vai me levar à felicidade. Eu não posso ir sozinho. Eu e Deus somos um.

Nesta hora as forças do Universo voltam a fluir em sua vida e tudo começa a andar de novo. Mas não adianta só falar, é preciso agir de acordo com o que se crê.

Deus só faz através de você. Por isso, contar sempre com Ele é o segredo dos que parecem ter sorte. A sorte não existe, minha gente! Tudo é a gente que de uma ou outra forma faz acontecer.

Para se sentir seguro é preciso contar com o invisível. Só o invisível dá alguma garantia. O visível é inconstante e passageiro, mas Deus que é o invisível é que garante o milagre.

Não existe este "eu isolado", pois tudo está integrado.

Se você pensa estar isolado e que por isto tem que fazer tudo sozinho, então está pondo de lado os poderes invisíveis e é por isto que tudo pára e se complica.

Lembre-se: Eu e Deus somos um!

...o médium e o espírito que fala

— Gostaria de tirar uma dúvida, Calunga. Um médium consciente que incorpora um espírito tem condições de trabalhar igual ao que é inconsciente?
— Olhe, minha filha, são duas coisas diferentes. Quando o médium está consciente, há mais chances de ele interferir com a vontade dele. Quando o médium está inconsciente, diminui muito o poder da vontade dele. Portanto, ele pode interferir menos. Muito do que guarda dentro de você, no inconsciente, como seus costumes, valores, preconceitos, seu modo de falar, sai para fora quando o espírito se comunica.

Vamos supor que você seja uma pessoa educada que não gosta de exibir o seu corpo nu em público. Vamos dizer que esteja incorporada e que seja uma médium inconsciente. Há um espírito ali magnetizando o seu corpo para poder se manifestar. Se o espírito quiser arrancar a sua roupa e fazer você ficar pelada, ele não vai conseguir, porque aquilo é um hábito forte em você que ele não consegue romper. Os costumes do médium, portanto, limitam a ação do espírito, assim como as virtudes do médium auxiliam o espírito. Sejam virtudes que ele tem nesta vida ou que traz de vidas anteriores.

Você pode, por exemplo, ter aprendido a falar outras línguas em vidas passadas. Então, se o espírito quiser se comunicar numa daquelas línguas, fica mais fácil se você for um médium inconsciente. Vamos supor que você falasse francês em outra encarnação, mas agora não sabe mais. Vem um espírito que quer falar em francês e, se você estiver inconsciente, ele fala francês sem sotaque, correntemente. Isso porque você guarda em seu subconsciente essa memória.

A gente precisa entender, então, que a atuação de um espírito nunca é 100% só dele. Quando eu me comunico, o meu menino, o Luiz está consciente. Se ele não ficar muito passivo na sua vontade, ele acaba interferindo, porque costuma observar tudo o que eu falo. Às vezes, quando vou falar, em vez de sair do meu jeito, sai do jeito dele, pois ele é um aparelho pelo qual passa a comunicação magneticamente. E sai com as palavras dele, embora eu faça força com o meu magnetismo e com a minha vontade. Se ele também fizer força para me ajudar, aí saem as impressões do meu sotaque, do meu modo de ser. Tem hora que estou falando e sai direitinho do jeito que estou pensando. E, às vezes, não sai muito igual, mas as ideias são as mesmas.

O mais difícil é conter as emoções. Quando o médium se envolve emocionalmente comigo, aí é ruim, porque ele pode querer rir, chorar ou ficar com raiva de alguma coisa, e isso é ele. Então, preciso fazer com que o médium se acostume comigo e dizer:

— Não. Isso é seu, não é meu, porque eu não tenho essa emoção. Segure a sua emoção — e como ele já está treinado, segura para que a gente possa ter um pouco mais de originalidade e de autenticidade. Assim mesmo, ainda é pela boca dele, pela voz, pelo cérebro, pelo corpo dele que eu me expresso. Sempre haverá alguma coisa dele nessa comunicação, quer ele esteja consciente ou inconsciente. É sempre uma cooperação, uma união.

O médium mais inteligente é melhor instrumento do que o menos inteligente. O médium mais esperto, cheio de dons, é melhor instrumento do que aquele que sabe menos.

Pois nós temos que usar as condições que o aparelho nos fornece. Ninguém pode influenciar ninguém sem o consentimento da própria pessoa, sem que ela ceda a sua vontade para nós, sem que ela nos ajude. A pessoa que diz que está obsediada, tomada e, por isso, não consegue se controlar está mentindo. É indisciplina dela. É ela que está entregando aos espíritos a sua vontade. Às vezes, ela quer aparecer porque está revoltada, quer a atenção e o afeto dos outros. Então deixa acontecer aqueles escândalos. Aproveita os impulsos dos espíritos inferiores e os deixa fazer aquele escândalo. Mas ninguém pode atuar em você sem o seu consentimento. Não tem mania nenhuma de ficar falando e mexendo a mão. Pode ser um sinal do espírito para o médium entender que ele está incorporado. Com o tempo, ele tem que perder também isso e falar do jeito normal.

Agora, eu sou assim mesmo. Aqui no astral, falo com esse sotaque, do meu jeito. O povo já me conhece assim e está bom. Se começar a falar diferente, o povo vai dizer: ah, isso não é o Calunga. Então é uma marca, um modo de indentificação que a gente usa. Se eu quiser sintonizar com vidas passadas minhas, quando falava alemão, eu vou falar. Meu menino pode falar alemão, porque ele já falou em outras vidas, mas eu não quero essas coisas.

Esse modo meu de falar é o modo do povo. Não tenho pretensão nenhuma de bancar o gringo. Falo na rádio nesse meu modo simples porque para se comunicar a gente tem que ser simples. Está bom para mim. É um aspecto meu, vivi muitos anos assim. Gostei de ser preto, me acostumei, vou continuar preto. Claro que posso mudar, mas estou gostando de ser preto. É minha escolha. É que nem roupa, você escolhe a roupa que quer. Eu também tenho querer e continuo no meu querer. Sou dono de mim, responsável pelos meus sucessos e pelos meus fracassos.

...você é escravo da vaidade?

Hoje em dia, a cada dia mais, a propaganda, o mercado de consumo excitam a vaidade do povo. É o carro novo, é a televisão nova, é o disco novo. Tudo é novo. Toda hora o povo quer coisa nova, quer coisa, quer coisa. Aí, o que vocês fazem? Ficam no "eu preciso ter, eu preciso ter..." Isso é vaidade, porque compram e largam lá no canto, como tenho visto nas casas de vocês, cheias de cacarecos. Tudo quanto é porcaria de cacareco vocês compram e largam lá. Só para ter, para ter, para ter...

Fico pensando: meu Deus, isso é vaidade. Só pode ser loucura da cabeça da pessoa. Ela abre o armário e vê tanto cacareco lá dentro que não presta para nada, porque não faz parte da vida da pessoa. Mas tudo ela quer ter. Abre os armários da cozinha e estão cheios de aparelhos. Até esquece de usar. Tem coisa lá que precisa jogar fora de tão velha. Comprou só para fazer panca: olha que beleza! Que coisa linda! E não usou mais, porque não tem paciência de lavar depois de usar. Em vez de picar a batata no picador, ela prefere picar rapidinho na faca, porque assim não tem que lavar o picador.

Vocês pensam que a gente não fica observando? Fica, porque a gente quer aprender sobre o ser humano. E como

101

posso ajudar, se não observar? Observo, sim, porque sou invisível. Fico no canto da cozinha, só olhando o que você faz, o que pensa. Não faço isso para gozar de você nem para invadir a sua privacidade, não senhora. Faço com muito respeito. Estou estudando e prefiro usar isso no bom sentido. A gente fica vendo de onde vêm o tédio humano, a insatisfação com as casas cheias de coisas. Com sala bonita, com tapete no chão. Tapete, na minha época, era coisa de milionário. Imagine se existia estofado. Existia nada! Era cadeira dura, banco. E olhe lá! Não tinha nada disso, não, nem luz elétrica nem aparelho algum.

 O povo era mais calmo. Agora, infeliz todo mundo é, seja na pobreza ou na riqueza. Mas hoje o tipo de infelicidade é diferente. Quer dizer, o mundo conquistou o conforto, mas o conforto não ajudou tanto assim. Parece que vocês passaram a ser escravos disso. Ora, o conforto não veio para deixar a vida macia? Veio. Mas o que fizemos com o conforto? Viramos escravos, pois a vida ficou mais complicada de se levar.

 Nunca vi coisa mais complicada do que a cozinha. Na minha época, qualquer coisinha já fazia a refeição. Catava o frango no quintal, enforcava rapidinho para ficar fresco, já depenava e botava na panela de ferro. Deixava horas naquele fogo de lenha para ficar bom. Depois arrancava batata ou mandioca do quintal e estava tudo bom. Hoje é tão complicado, porque tem que comer disso, comer daquilo... Comida que eu nunca vi na minha vida. Fico curioso para saber qual é o gosto. O povo come naqueles copinhos de plástico umas comidas esquisitas. Depois, abre uns pacotes com tudo quanto é coisa dentro. Come, come, come... Eu fico olhando. Gente, que coisa esquisita!

 Como vai ser o mundo daqui a cem anos, hein? O que será que o povo vai comer? Será que vai ser mais feliz com isso tudo? Mudou, mudou, tudo bem. O povo aí diz que é mais prático. Mas será que está mais feliz? Ah, está, não! Sobrou mais tempo? Sobrou. Não trabalha mais o dia inteiro de sol a sol? Não, porque fica assistindo à televisão até de madrugada. Vocês hoje dormem menos. A gente dormia mais, porque oito, nove horas já tinha que estar na

cama. Não tinha mais nada para fazer. Mas acordava mais cedo, com o sol, às cinco horas da manhã.
De qualquer maneira, será que o povo está mais feliz? Fico pensando que a felicidade, às vezes, está arruinada. É mais difícil para vocês do que era para nós. Hoje vocês têm que ter dinheiro para tudo isso, têm que comprar tudo isso, têm que consumir tudo isso, têm que ir para cima e para baixo com o carro. Agora tem carro, então vou buscar não sei o que lá onde, não sei o que mais lá adiante, vou passar aqui, vou passar lá, corro para cima, corro para baixo, de cá para lá. Ah, nem visita faz mais. O carro não serve para visita. Serve para outras coisas. O povo não mais se confraterniza. Chega em casa moído. Pensa o quê? O de sempre: correr atrás de coisa material o dia inteiro e só.
Minha gente, será que isso tudo está valendo a pena? Vamos questionar, minha filha? Porque eu queria muito que a felicidade invadisse o seu lar, queria muito que seus filhos fossem felizes. Mas eles também estão se criando nessa ilusão! É só dinheiro para comprar, dinheiro para comprar. Não pode viver sem dinheiro para comprar. Se faltar um pouquinho, pronto, já é um escândalo.
Não acho que a vida seja ter, não. Ter é uma coisa boa, mas quando isso começa a se tornar uma doença, a gente fica pensando:
— Como está esse povo? Será que isso tudo não é vaidade, alguma loucura? Ou será mesmo que você está sendo racional, inteligente nas suas aquisições, naquilo que você está pondo dentro de casa, no tipo de vida que está levando? Será que essas coisas não estão encobrindo os problemas verdadeiros ou são colocadas de lado, sem perturbar a sua felicidade? Será que você está sabendo viver bem com os bens materiais ou será que isso tudo não passa de uma grande perturbação na sua vida?
Ter as coisas é para ser um bem, e não para gerar o mal em nós. É, precisa saber viver e não fazer disso uma arma. Não vamos condenar, não. É muito bom viver no conforto e ter as facilidades que a vida moderna pode comprar. Mas, minha filha, se isso está atormentando sua vida, se seu marido trabalha feito um louco e não pára mais em

103

casa, se você trabalha feito uma louca e também não pára mais, então estão todos vivendo uma vida de faz para ter, faz para ter, faz para ter. Ninguém goza, ninguém se nutre, ninguém vive. Parece uma máquina. Então, minha filha, está errado. É tudo vaidade.
O carro novo é vaidade, a cortina nova é vaidade. Os brinquedos novos do filho — é uma vergonha aqueles quartos cheios de brinquedo — tudo vaidade. As crianças nem ligam para aquilo tudo. Você dá e elas brincam um pouquinho e logo largam lá na prateleira. Um dia, você se enche e arranca tudo aquilo para dar para os pobres. Mas tem pena de dar, porque é tão bonito e tão caro, não é verdade? Tudo isso é apego. Tudo isso aí não serviu para nada, não fez seu filho mais feliz nem mais humano. Nem fez a alma dele mais completa. Entendeu?

Pense bem, minha gente, no que vocês fazem em casa. Vê lá, porque está na hora de a gente ponderar, de não deixar que essas coisas se imponham sobre as verdades humanas. Vê lá, minha filha, se você não corre para cima e para baixo para ter um dinheirinho a mais, para dizer: "Sou independente. Não dependo do meu marido". Tudo vaidade. Tudo orgulho. Na verdade, você está na ruína. Esse emprego é uma perdição na sua vida, porque você se esqueceu de ser mulher. Esqueceu de ser você mesma, esqueceu da sua alma, do seu carinho, só para provar que você é uma mulher emancipada.

Há as que ficam em casa, no tormento: "Ai, tenho que ficar cuidando dessas crianças. Não posso cuidar da minha carreira". Que vergonha! Ficam na vaidade, sem aproveitar as oportunidades que a vida lhes deu de viver a maternidade, de forma total. Os maridos estão ajudando e estão ali para contribuir com a parte deles. Então, elas ficam jogando fora e amaldiçoando a oportunidade que Deus lhes deu.

Não sou contra a mulher trabalhar fora, não, minha filha. Nem sou contra a mulher fazer uma série de coisas, porque acho que ela pode fazer de tudo. A mulher ainda é mais flexível que o homem. Ele ainda está muito condicionado a uma forma antiga, enquanto a mulher é mais moderna. Eu admiro muito a capacidade da mulher. Aprecio também o poder do homem, embora ele esteja um pouquinho bitolado. As mulheres estão mais espertas, estão mais à frente espiritualmente, enquanto os homens estão muito devagar. Ficam naquela vidinha que é uma porcaria, sempre igual. As mulheres já variam mais, topam tudo. E agora as mulheres modernas topam mesmo. Eu acho que está bom.

Mas, minha filha, não pode cair na vaidade. Você quer tudo. Será que isso está lhe fazendo bem? Será que está elevando o seu espírito? Será que a sua alma está feliz? Será que não é por vaidade que acha que você tem que fazer tudo, que tem que fazer carreira, criar filho? Uai, tem tanta vaidade nessa nova fórmula que vocês arranjaram aí de ser a mulher ideal. Depois, você fica acabada, estressada, um inferno, embora trabalhar bastante seja bom, porque faz bem para a gente. Mas será que isso a está alimentando? Pois trabalho é bom quando alimenta.

Agora, ficar fazendo, fazendo, fazendo esforço sem alimentar o espírito só dá estresse. Se você trabalha muito, muito, muito, mas é uma coisa de coração, então é libertação, juventude, elevação. Se faz muito, mas faz por vaidade, dá estresse, porque a alma não tem prazer e faz força contra. Quando você vê, está de cama, com doença no peito, no útero para lhe lembrar que você é mulher. Então a natureza lembra: o que você está querendo ser, qualquer coisa, menos mulher? Aí, você volta a pensar nisso.

Por isso, a gente precisa ponderar bem. Olhe, vê lá, minha gente, não estou condenando nada. Apenas estou falando do perigo de a pessoa não fazer as coisas com alma, de verdade, e sim fazer por vaidade. Há muitas mulheres que ficam em casa porque querem ser as princesinhas, querem isso, querem aquilo. Também estão na vaidade, porque os maridos dão tudo e elas ficam com medo de sair, de quebrar a cara. São muito vaidosas para quebrar a cara. É outro tipo de problema.

O problema não é ficar em casa ou sair para trabalhar. O problema é a vaidade, porque fazer as coisas de coração, inteiro, com alegria é a necessidade de cada um para ser feliz. Todos vocês hoje estão na vaidade. Estão vivendo a vida dos outros e não estão vivendo a sua. Correndo atrás do nada, no nada vocês chegam. Mas no dia em que o nada aperta o coração, vocês entram em desespero. Então vocês ficam vendo problemas onde não tem, pois o único problema está em vocês.

A nossa necessidade é distinguir o que é da alma e o que é da vaidade para poder ver com clareza que, por um lado, a coisa está errada e que, por outro lado, está certa. Aí, a gente tenta escolher pelo certo. Enquanto estiver confuso, a gente não distingue o que está errado e continua fazendo sem perceber. Por isso que gosto de lembrar a você que existe a vaidade, que existe o orgulho.

O orgulho são as nossas ilusões, que sempre nos levam à desilusão.

O cristianismo não condenou os bens materiais mas, sim, o apego a eles. Eu não condenei o carro novo, as roupas bonitas, os aparelhos que vocês têm. Estou condenando o modo de viver com eles, de se apegar a eles. Se você está nessa prisão do apego, é fácil saber. Você tem medo de perder? Tem, não é?

— Ah, como vai ser meu amanhã?

Todo mundo que tem medo da perda da carreira, da perda do dinheiro, está na preocupação. Fica lutando para não perder o status, para não ser menos que os outros. Já imaginou se perder tudo? Tudo vaidade. Como você vai poder encarar os outros?

— Ah, agora estou sem nada, vou ter que pedir abrigo na casa da minha mãe. Que vergonha!

É tudo vaidade. Mas se continua assim na vaidade, não adianta consolá-la:

— Ah, eu sei que você pode recomeçar...

No fundo, o medo continua, porque é uma forma de insegurança, de apego às coisas materiais. Não é melhor dizer:

— Ah, eu não quero viver aqui apegado às coisas. Vou ser escravo do carro? Ter que trabalhar feito um louco para comprar um carro novo? O carro que tem que ser meu escravo. Não eu virar escravo dele.

Por que você não tem um carro mais simples? Para depois bater e trabalhar feito uma louca para pagar o carro? Que sacrifício para viver nesse mundo e para comprar tudo. Vocês têm que pensar bem, se são escravos das coisas ou se elas é que são suas escravas. Ou se não é melhor dizer:

— Eu também não vou sacrificar minha vida por isso. É tudo vaidade para exibir, pois o que importa é a felicidade. O resto é só para me servir mesmo.

...energia

No mundo, tudo caminha bem. Tudo caminha para o bem, para a melhoria das coisas. A cada dia que passa, a vida traz novas oportunidades, renovação, e as pessoas, cada dia mais, estão entendendo e cooperando com a vida. O bem é muito forte, o bem tem resistido, o bem tem vencido. E nós estamos aqui numa prova de que o bem é forte. Estamos aqui nesse momento de aconchego da energia boa, da procura do bem.

Estou muito feliz porque tem muita gente entendendo tudo o que estou dizendo.

As pessoas, às vezes, são difíceis de entender, mas quando você vê que elas estão refletindo, começando a entender as leis da vida, eu vou me dando a alegria de saber que estou conseguindo passar uma mensagem positiva, criando ao meu redor e ao redor das pessoas que estão ligadas comigo uma energia melhor. Você sabe que quando a gente amadurece passa a se preocupar muito com a energia.

No mundo aí de vocês e no meu, tudo é energia. É nas leis da energia que você precisa pôr atenção, porque carece conhecer para saber lidar com o que acontece com a gente. E tudo o que está acontecendo agora mesmo é energia. A energia é criada pelas nossas atitudes, pelos nossos hábitos, pelo jeito de pensar, pelo jeito de falar, pelo jeito de se posicionar no dia a dia. A vida, então, só pode melhorar quando nós melhoramos a nossa energia.

É por isso que temos um centro onde as pessoas da Terra e nós, os desencarnados, vamos somando nossos conhecimentos e nossos dons para podermos exercer o poder energético sobre as pessoas, mudando assim o campo energético de cada um que nos visita. Chegam nesse centro pessoas com todo tipo de queixa: ai daqui e ai de lá, por causa disso, por causa daquilo.

Através da mediunidade ou da boa vontade das pessoas — que, às vezes, apesar de não terem muita mediunidade, têm um coração bom —, estamos ali somando as energias por meio de luzes e de outras técnicas para fazer com que o povo receba essa energia e mude o seu campo vibratório. Minha gente, precisamos começar a falar em campo vibratório.

Vocês precisam entender as coisas pelo lado da energia, se quiserem sobreviver. Se quiserem ter sucesso, precisam aprender a manipular a energia do bem através da sua mente, da sua atitude, do seu coração, para provocar o bem e para saber lidar com as energias negativas que estão à sua volta.

É muito fácil lidar com a energia negativa, porque ela é fraca, enquanto a energia do bem é forte. Se cultiva o bem, você vence. Mas se não está seguro no bem, se titubeia, o que acontece? Você cai na tentação do mal e, se cair na malvadeza, o mal o pega. Você cria, então, um campo negativo e aí vai comer no prato que fez, vai dormir na cama que arrumou.

Sempre que as pessoas vêm com reclamação, já sei que alguma coisa elas aprontaram para estar onde estão. Não estou aqui para repreender ninguém. Nem estou aqui, minha gente, para criticar ou ficar infernizando ninguém. Já tem coisa ruim demais aí no mundo para eu somar com a ruindade. Minha expectativa é que vocês digam: "É verdade, Calunga, vamos aprender, vamos renovar". Esse é meu intuito.

A gente precisa saber se olhar com amor, com paciência. Se nós queremos estar firmes e fortes, precisamos de dedicação interior. Vocês ficam muito voltados para a vida de fora e, às vezes, esquecem da vida de dentro. Esquecem que o seu interior também precisa de dedicação e de cuidados. Ninguém pode exibir uma qualidade sem empenho no desenvolvimento dessa habilidade. Os dons, os potenciais, Deus deu, mas é preciso empenho para que a qualidade venha a servi-lo, porque tudo está aí para servir a você. É preciso antes investir para só então ser servido.

Assim funciona a lei para todos, seja de qualquer cor, qualquer raça, qualquer nível cultural, qualquer um. Não tem privilegiado no planeta, nem nunca teve. Não tem santo que tenha privilégios. Tudo é conquista.

A maior conquista e a única real conquista é a de si mesmo. Tomar posse de si e trabalhar no seu desenvolvimento e evolução. Assumir os seus pontos fracos e com amor e dedicação se dar a oportunidade de melhorar. A vida o ajuda sempre sem falhar.

Se você não tomar posse de si, outros irão invadir e dominar você. Talvez este já seja o seu caso. Talvez você já esteja invadida por energias negativas ou hospede em seu campo vibratório pessoas desencarnadas que simpatizaram com você e se encostaram tornando-se verdadeiros companheiros inseparáveis. Você os chama de obsessores e eu de companhia. Ele a atormenta e pesa, e é sua a responsabilidade de tudo.

É, minha filha, ele está sempre ali pronto para arrumar encrenca, para ser negativo, para ter medo. Está sempre pronto para duvidar e para botar, enfim, dificuldade na sua existência. Enquanto você não doutriná-lo, não acalmá-lo, ele fica ali.

A primeira coisa que você precisa fazer é compreender que ninguém pode fazer nenhum mal para você se não for através do mal em você. Como também ninguém pode fazer nenhum bem se não for através das suas virtudes, do seu bem. Se você tem um coração bom, se está ligado no seu coração bom, com a luzinha acesa, e eu chegar com a bondade, a bondade bate no seu coração e você se sente muito bem. Então significa que eu consegui lhe fazer um bem.

Se você tem lá dentro a perversidade, a mágoa, a agressão, o mimo e a condenação crítica e eu chegar perto de você dessa maneira bruta, nós também vamos nos entender. Porque vamos ter afinidade. Se eu chegar estúpido para você e, no entanto, você estiver ligada no seu coração, a minha estupidez não a afeta, não, minha filha. Não tem jeito, porque não há afinidade.

Às vezes, eu chego até com amor e carinho, mas você está na brutalidade, então você também não está afinada e não vai querer meu carinho. Mas se eu insistir na minha posição, você pode até mudar de ideia. Agora, se é você que está me atormentando e eu estiver no bem, você nem consegue chegar perto, pois a desafinidade funciona como uma força repulsiva.

A maioria de nós tem um obsessor que nós mesmos fazemos com nosso poder mental e que pode vir a atrair os desencarnados iguais a ele.

Com nosso medo de ser o que somos achamos que devemos fazer o mal para se defender do mal e com isto criamos um monstro dentro de nosso campo vibratório. Quando você entra na maldade dos outros você alimenta esta possibilidade. Aí quando quer agir no bem ele vem e a convence a ser perversa em nome do bem.

Você está plantando e vai colher. Não me venha com conversa de que você está se defendendo, de que você é incapaz ou de que não dá.

— Tem hora que não dá, Calunga, eu fico nervoso.

Ora, meu filho, se você se deixa ser possuído pelo seu obsessor interior, se você gosta da desculpa de que você é assim e que está sendo autêntico e continua a ser cruel, então você o mantém vivo em você.

Eu quero ajudar mostrando o que você está fazendo. A minha esperança é de que você ceda para essa coisa boa dentro de você. Minhas mensagens aqui têm sido só disso, só de falar disso de todas as formas que eu souber falar, alertando vocês de que vale a pena ser bom, de que a bondade tem força, de que a paz e a harmonia interior vêm dessa bondade e que todo mundo tem essa bondade. Qualquer homem, por mais cruel que lhe pareça, por mais desorientado e louco, ele tem bondade. Ele está fechado, porque resolveu se fechar. E quando a pessoa fecha a sua energia, não adianta nada. Você vê essas mulheres todas que reclamam que não têm homem:

— Ah, porque não tem mais homem na praça, como antigamente. Queria tanto arranjar alguém para mim. Queria tanto resolver a minha vida afetiva.

Tem homem também falando a mesma coisa, vocês não veem, mas tem. O homem é mais discreto, não costuma falar, enquanto a mulher já fala logo. Uai, fico pensando:

— Tem sempre gente muito interessante na vida. Depois, sempre tem uma porção que combina com a gente. Então o que está acontecendo? Foi essa pessoa que fechou sua energia. É como aquelas pessoas loucas por dinheiro. Mas elas não têm dinheiro, porque fecharam seus caminhos. Caminho fechado significa coração fechado.

Se você não abrir o coração na bondade, no bem, se não pensar que o relacionamento é bom, que tudo é fácil, que você é pau para toda obra, que seu coração é muito grande para deixar passar as bobagens do orgulho e da vaidade, que o bem é maior, que o amor é mais forte, se você não tiver o coração assim, não vai ter uma energia boa para atrair pessoas para você. Só atrai as coisas ruins. Por quê? Porque está com o coração fechado.

— Ah, porque assim não quero. Assim não gosto. Tenho medo disso, medo daquilo... Porque sicrano me enganou. Não sei por que atraí essas coisas na minha vida... Tudo na revolta, tudo no medo, tudo na malícia.

— Porque fulano mal chegou perto de mim, já foi falando isto e aquilo e eu não gostei...

Nem tentou entender a situação, pois já leva tudo para o mal. É gente ruim demais. Tem que ficar mesmo sozinha na vida ou se contentar com coisa ruim, pois ruim atrai ruim. E há as que até já assumiram:

— Ah, não quero ninguém na minha vida, não! Estou cheia. Não quero mais saber de amor. Qualquer coisa rapidinho ainda vai, mas amar mesmo, me empenhar? Não quero mais nada, não! É muito sacrifício, muita dor.

É a pessoa que está magoada, está ruim e sofre. Muitas das vezes, esconde de si mesma que está sofrendo:

— Não quero mais nada, passou. Eu estou muito bem assim.

Mas está com problema no corpo, com dor de cabeça, com perturbação, com problema emocional, com feridas na pele. Tem problema porque está na maldade. Coração fechado é problema de saúde, limitação, obstáculo na vida, dificuldade. A energia divina não está fluindo, criando um campo maravilhoso. Se você cria um campo maravilhoso em volta de você, só pode acontecer coisa boa, só pode.

Todo mundo que está com problema está com o campo negativo. Se você não positivar o seu campo, não vai ter uma vida boa. Não adianta brigar com o mundo, com as pessoas, ficar com raiva de Deus. Não adianta ficar na revolta, porque, quanto mais você ficar, pior fica seu campo, pior fica sua vida. Você tem que ceder e perceber que tem que mudar a sua energia. Não adianta correr atrás de centro, de passe, de desobsessão, disso, daquilo, de psicólogo, de quem quer que seja, se você não tiver a boa vontade de mudar a sua energia. Não adianta correr, fazer massagem, correr em curso, correr para cima e para baixo, trabalhar feito um louco, rezar feito um doido, não adianta, se você não estiver a fim de mudar a sua energia no dia a dia.

A energia forma um campo de atração e de repulsão em volta de você. É um campo de um certo teor assim ou assado. De um jeito atrai uma coisa; de outro atrai outra. Então, você é responsável pelo que está atraindo na sua vida, pelo teor vibratório de seu campo.

Então, amolece o coração, homem de Deus, você é bom lá dentro.

— Ah, Calunga, eu não quero ser bom, senão eu vou ser bobo.

E por isso vai criar um campo negativo para atrair uma porção de desgraceira na sua vida? Pelo amor de Deus, seja bom! Ser bom não quer dizer que você é bobo. Pelo contrário, quer dizer que você é esperto, porque já compreendeu que só o bem cria o bem. Não tenha medo da ignorância humana. Não tenha medo da violência humana, não tenha medo das ameaças. Não tenha medo das consequências, pois elas só podem ser boas. Siga em frente e feche os olhos para o mal. Destrua o poder que você deu para o seu obsessor interior que os obsessores exteriores também desaparecerão. Não escute o medo, pois ele é a voz do mal. Sai disso, minha filha!

*Quem pode temer a escuridão,
se tem a luz dentro de si?
Quem está na luz
só pode atrair a luz.*

A escuridão nunca mais deve ter o poder de amedrontar você, porque onde você estiver terá a própria luz para iluminar o seu caminho. Mas você está inseguro, com medo; porque a sua luz está apagada. Você não está se responsabilizando pela luz que você tem. Está acreditando nas coisas ruins, na perdição da mente, e se não está mantendo com firmeza a sua luz no peito, então você teme. Sabe que chegando o momento em que, se a luz apagar, se a situação ficar difícil, você vai sofrer porque não confia na própria luz. Mas se não confiar, como você pode seguir, minha filha? Vai ficar se acovardando dentro de casa, presa no seu coração, nessa pobreza que é a sua vida, com a secura do amor?

A luz atrai as coisas e as pessoas iluminadas ou que sustentam as suas luzes acesas. Se você não se mantém iluminada, então não pode receber a ajuda da luz quando você precisar dela.

Meu Deus, quem pode sobreviver na secura do amor? Ninguém sobrevive, nada tem gosto, a comida não tem gosto, o dia e o sol bonito não o afetam, suas qualidades desaparecem, seus bens de nada lhe valem, você fica na miséria do vazio, porque a sua vida não tem gosto. E não adianta arranjar compromisso de filho, marido e trabalho. Não adianta, minha gente, porque a sua alma está apagada e a sua vida é sem graça. Você está mortinha, está ruim e está pronta para receber a escuridão, porque a sua alma está na escuridão. E não pense você com toda a sua vaidade:

— Ah, eu sou espiritualista. Vou na igreja, vou no centro...

— E não é por isso que a sua alma está apagada, minha filha? Você acha que a igreja salva? Centro salva?

— Ah, Calunga, vai dar certo porque eu rezo.

— Sua alma se acende na hora em que você reza, mas e depois, continua acesa? Não se iluda, minha gente, com essa imagem de que você é maravilhoso. Olhe para você no dia a dia. Veja se no contínuo dos momentos você está na sua luz interior, na sua bondade, sempre optando pelo bem, sempre optando pela bondade. E se está bem confiante nessa luz, você não tem medo de nada. Mas é pelo tamanho do medo que a gente sabe o quanto a luz está diminuída. Pois quem está no medo está com a luz fraca.

— Ah, Calunga, tenho medo de dirigir, de sair, medo de me arriscar, tenho medo de doença, tenho medo disso, tenho medo daquilo.

— Tem medo de tudo. Por que você está com medo, ó mulher? Ó homem de Deus, por que você tem medo? Por que a sua luz está sem energia? Você não é bom. Você confia nas vozes do medo, confia nas vozes desse monstro que é o seu obsessor interior e você não mais dá força para o bem que mora em seu coração. Não acende a luz do grande bem em você. Então não há salvação, não há resolução, não há prosperidade, não há alegria, não há paz, não há saúde. Não há!

O homem não pode ser saudável e feliz na maldade. Ele sofre. Apaga a luz dele e ele sofre. No mínimo, fica um tédio, um vazio, uma coisa amarga dentro dele. Perdido, cheio de ansiedade, na busca sem nunca ter encontro. Qual é o encontro do homem? O único encontro do homem

115

é dentro de si, é o encontrar-se. Seu compromisso nesta vida é encontrar-se, acendendo a luz dentro de você, porque só você tem o botãozinho que liga e desliga. E finalmente aprender a manter a sua luz acesa.

Por isso, estou eu aqui. Eu preferi, porque já fui muito encrenqueiro. Agora quero viver na paz, no amor. Ah, o amor lava a multidão de pecados. Ah, que se dane que você é ruim para mim, pois eu gosto de você! Ah, você brigou comigo? Mas eu gosto de você. Pode ficar me cutucando aí três horas com o dedo nas minhas costas, que não vou perder o meu amor por você. Pode xingar, pode bater, mas não vou perder o meu amor por você.

Não tem mais obsessor interior que me vença, que me domine, porque eu não permito. Só a luz do bem. Vou vencer você. Você vai ficar manso e vai me amar. Ah, como você vai me amar! Pode me odiar bastante, porque eu vou pôr tanto amor que você não vai aguentar. Quanto mais malvado você for, mais vai estar na secura. E quanto mais estiver na secura, mais precisa do meu amor, e quanto mais precisar, mais você vai se aproximar de mim. E quanto mais se aproximar de mim, mais vou te amar. E quanto mais eu te amar, mais você vai ter que ceder um dia. E no dia em que você ceder, nós vamos ser muito queridos. Vamos nos querer muito bem, nos respeitar muito e vamos ter uma torrente de coisas boas entre nós. E assim será, pois já é em mim!

É assim que eu vou pensar mesmo, porque agora sou um guerreiro do bem. Você vem com a agressão e eu vou com a luz. Você vem com a palavra ruim e eu vou com a palavra bonita. Você vem com a desconfiança e eu vou com a confiança. Você vem com os medos e eu vou com a coragem. Você vem com a choradeira, eu vou com a alegria. Você vem com a queixa, eu vou com o elogio. Aí ninguém me pega. Que coisa ruim pode me pegar, se meu campo é positivo? O que eu posso atrair? Só coisa boa. Só as pessoas que se sentem bem do meu lado. Já querem me fazer tudo, já querem me dar tudo. E tudo fica facinho na minha vida, nos meus negócios, na minha casa. Tudo fica bom.

Se está tudo tão bom é porque está mesmo e vocês é que não veem. Por isso que eu digo: está tudo bom, minha gente! Olhe para as coisas. Está tudo bom, de verdade verdadeira. Entre no bem de coração, minha filha, que você vai ver como tudo melhora. Largue a aflição com a família, largue a aflição com o trabalho, com o emprego, com o dinheiro, largue o medo. Recuse-se a dar ouvidos a essas vozes negativas:

— Não quero, assim não vou! Vou pôr uma energia boa, vou tomar um pouco de sol, vou botar uma música que eu gosto, porque vou me pôr no bem. O mundo vai se resolver se eu mudar a minha energia. Então, vou mudar, vou seguir o que o Calunga falou. Vou experimentar.

Aí, você põe um samba e canta, canta, canta, canta de tudo. Vai fazendo aquele mantra, vai fazendo o pensamento no seu peito, vai pondo luz para todo mundo. Ah, que bênção! Vamos pôr luz, porque para mim está tudo bom, tudo é beleza!

Passa um ali, vem reclamando, e você diz: tudo bem, abençoada reclamação! Não encrenque com nada. Vem outro chato fazer outra reclamação e você: que beleza, como você está bem! A pessoa reclamando e você dizendo: que beleza, como você está bem! E a pessoa vai parando: que beleza, que luz que você tem hoje! Pronto. Ela já parou de reclamar e ficou assustada. Já começou a mudar a energia dela. Pois você pensou: eu não vou deixar aquela energia ruim em casa.

— Ah, mãe, porque eu estou preocupado com a prova. Ai, meu Deus!

— Meu filho, você está ótimo. Vejo uma luz forte com você. — Pode falar, porque se você não vir com os olhos, então está vendo a luz da alma dele só precisando de um pouco de energia para pegar o arranque e depois o seu filho vai continuar a manter tudo aceso. — Ai, que beleza.

— Ah, mãe, repeti de ano.

— Ah, que bom! Vai fazer tudo de novo, mais devagar.

Tudo é bom, minha filha.

— Ah, bati o carro.

— Que bom. Agora, vamos dar serviço para o mecânico. Tudo é bom! O mecânico também precisa viver. Então, está bom. Vamos ajudar a família do mecânico. Tudo é assim na vida: tudo é bom. Para mim, tudo é bom. Tudo! Aí fico no bem e tudo vira bem, tudo se acerta.

O remédio do bem se pode tomar, que não há contra-indicação. E diga-se de passagem: Ele cura qualquer mal!

É hora de a gente tomar as pílulas do bem e firmar muito nosso pensamento nele. Vamos deixar de lado a grosseria do mundo, a preocupação com a desordem, com as coisas que estão ruins. E vamos nos fixar no bem, vamos permanecer no Bem Maior que dá prazer, que faz com que você se sinta uma pessoa digna, capaz de enfrentar qualquer um face a face. Limpe a sua mente do medo e do mal.

Não podemos mais viver na corrupção, pois ela acarreta muitas maneiras perigosas de afastar de nós a saúde e a prosperidade. Cuidado, pois corromper a moral pode surtir um efeito devastador em todos nós. Não podemos nos deixar influenciar pela conversa dos parentes, das pessoas à nossa volta. Firmeza, minha gente! Vamos acreditar na coisa melhor, no Bem Maior e vamos tocar para a frente, com toda a confiança no bem. Deixe o mal de lado.

Se as coisas não estão indo muito bem, se essa ou aquela pessoa está faltando com a honestidade, com o compromisso que tem diante de si, deixe que a vida se encarregue disso. Cumpra com a sua honestidade. Cale-se diante do crime. Não dê atenção, embora perceba a baixeza humana. Ela existe, sim, mas não a exalte a pretexto de se sentir melhor. Vamos tomar as providências necessárias para não sermos lesados nem enganados, mas sem descer ao nível da pessoa.

Não vamos criticar, nem brigar ou envolver nossa mente e nosso pensamento numa tomada de posição. Claro que não podemos deixar de ver as coisas em volta de nós, os erros, a desonestidade, as confusões e as besteiras dos outros. Vemos porque está ali à nossa frente e ninguém é cego. Então o que a gente faz? Quer logo tomar uma posição:

— Ah, onde já se viu? Isso está errado. Não se deve... Agora a pessoa vai se danar na vida.

A posição que você toma, na verdade, vai assinalando no seu subconsciente futuras situações pelas quais terá que passar. Então, não tome nenhuma posição. Saiba entregar a Deus o que não lhe pertence. Saiba não misturar sua cabeça, seu coração, sua atitude com aquilo que não lhe diz respeito. Mediante uma situação que não é sua, não julgue. Não tome posição, não condene e não se envolva de modo algum. Quando sentir que aquilo não é uma coisa boa, que traz consequências ruins, só diga por dentro:

— Ainda bem que não fui eu! Não tenho nada com isso. Que Deus cuide de cada um, porque eu vou permanecer no bem.

Para a pessoa que agiu errado, mande uma energia de bem.

*Todo mundo merece o bem,
não importa quem seja.*

Porque só assim você estará reforçando o bem. E o que acontece na sua vida? O bem começa a fluir, as pessoas começam a mudar e você começa a sentir que elas são boas. E o que é melhor: você não está mais julgando, condenando, perseguindo, exigindo e também não está mais negativo.

E quem vai melhorar com isso? Você mesmo. Pois a gente se trata do mesmo jeito que trata os outros e, com isso, se torna nosso próprio inimigo. Quando pára com isso, pára com a gente e pára com os outros. A gente, então, começa a se gostar, a se respeitar, a se dar o bem, a se tratar como um bem. E isso reverte numa valorização da gente mesmo.

Essa autovalorização atrai dinheiro, pessoas de valor, sentimentos de valor, gestos humanos de valor. Você começa a enriquecer nas amizades, na sua cabeça, começa a ter a aura limpa. Você se isola do ambiente negativo e as coisas não mais o pegam, não mais o perseguem. O mal é desviado da sua vida. O bem é introduzido nos seus caminhos: é a amizade querida; é a oportunidade de trabalho; é a chance de ganhar mais dinheiro; são as ideias boas para tratar com seu filho, com sua filha, com seu marido; vêm a inspiração, a solução de pequeninos problemas, e as pessoas começam a ser gentis com você. Parece que a sua energia vai afastando as pessoas mal-educadas. Até parece que você está num outro mundo.

*O cenário em que você
vive é feito por você.*

O cenário em que você está vivendo não é forçosamente uma realidade para todos. Olhe à sua volta. Uma cidade como São Paulo tem de tudo. Aqui pode viver todo tipo de gente, todo tipo de raça, todo tipo de língua, todo tipo de religião. Pode viver gente com todo tipo de desgraça e com todo tipo de sucesso. Podem viver casais infelizes, cheios de problemas econômicos, cheios de doenças, com os caminhos fechados. Pode viver gente cheia de bem, com muita saúde, muita calma, muita prosperidade. Apesar de essa cidade ser tão barulhenta, na casa dessa pessoa não há barulho nenhum. Tudo para ela vai bem.

A gente, então, vai ficando nesse bem e percebe que tudo fica bom. Você está entendo o que eu quero dizer? As coisas podem ser muito boas nessa cidade, demais de boas. As plantas na sua casa vão muito bem, nem com a poluição elas adoecem. Na sua casa, tem a melhor empregada, jeitosa. Vocês se dão bem, uma faz bem para a outra. Vocês se entendem, se gostam e não querem se largar. É aquela empregada que já se sente parte da família. É aquela coisa boa, humana, sempre ali pronta para dar aquela força. É aquela alma boa, de confiança, e a gente ajuda a tocar a vida dela. Como é bom quando a gente se entende e se gosta, quando atrai as coisas boas para a gente.

Eu gosto de ser bom. É tão bom ser bom. Quando a gente come algo de que gosta, diz: "Ah, que bom!" Quando tem algo de que não gosta, diz que é ruim. Ruim é porque, na prática, a gente não gosta. A prática é a vivência. Então o que você não gosta na prática, que é ruim, não faça. Não adiantam as ideias de defesa, de violência, de achar que está agredido, porque se você está agredido é porque está no mal. Quem está com medo é malvado. Só o malvado, o ruim é que tem medo. Eu sei que você se acha uma vítima, mas não é, não. Não existe vítima.

Atendi uma mulher no centro que estava com problema de inseto invadindo a casa dela. Segundo ela, era devido a algum trabalho feito. Tentamos, então, dar uma ajuda, mas resolvemos só em parte. Nós não resolvemos tudo se a pessoa antes não mudar sua posição interior. Cheguei para ela e disse:

— Minha filha, se o mal está na sua casa é porque você é malvada. Você desculpe eu falar assim, mas é preciso dizer a verdade, porque quero que você se cure cem por cento. Então você vai entender que o mal está ali por afinidade.

Ela não aceitou e saiu do centro brava comigo:

— Não, eu sou vítima. O senhor não sabe... O senhor não entende...

— Então está bom, minha filha. Eu não sei, eu não entendo, então também não assumo esse problema seu.

Ela saiu tão brava de lá, disse que foi muito insultada. Como eu podia dizer isso dela, já que se considerava mesmo uma vítima? Não houve quem a convencesse do contrário.

Tem gente que é assim. Não quer perceber que a maldade passa na vida dela porque tem caminho para passar. Se não há caminho, a maldade vai procurar outro lugar, porque ali não passa, não. A cabeça é boa, o coração é muito bom. A gente é muito convicto, muito firme, não espera a justiça humana, porque está com a justiça de Deus. O Universo é justo dentro da nossa cabeça. A gente é justo com o nosso bem interior.

Eu tenho muita firmeza na vida, meto a cara, porque eu gosto de ser bom. Tenho firmeza no bem. Às vezes, tenho vontade de perder a paciência, mas digo:

— Não. Assim eu só vou criar confusão. Não vou perder a paciência coisa nenhuma! Não vou ficar violento, porque senão vou plantar já, já a desgraça no meu caminho. Então, eu vou acalmar e procurar agir pela inteligência, pelo bem.

O que eu não puder fazer, Deus faz.
Estou fazendo o meu, Deus faz o dele.

Você quer o bem? Quer a prosperidade? Ame o bem, entregue-se ao bem. Não importa que os outros digam que você é boba, que todo mundo vai lesá-la. Não lesa, não.

Quem está no bem convicto, no bem optado, no bem assumido com convicção, por livre escolha, pela noção da sua liberdade de escolha e de atitude, diz:
— Eu estou no bem, estou com o Universo e, portanto, estou com a maioria. E se estou com a maioria, ninguém pode nunca estar contra mim. A ilusão humana é tudo querela. Não vou entrar na violência, na crítica. Não vou entrar na desclassificação humana por mais desclassificada que a pessoa possa ser. A pessoa, no ato dela, se rebaixou, se corrompeu, roubou, mentiu, trapaceou e acha que, com isso, vai receber fortuna, que vai receber vantagem? A única vantagem que ela vai ter, por distorcer a natureza, é pagar o preço com a doença mental, com a doença espiritual. A doença espiritual pega o corpo, pega a alma, dá depressão.

Toda depressão é doença mental e espiritual. Mostra que a pessoa faltou com o seu bem interior. Se você está abusado, invadido, machucado, é porque está faltando com o bem interior. Isso não é conversa de religião. A pessoa se reorganiza no bem, volta para o seu bem interior, pronto. A vida volta a fluir com dignidade, porque o Universo é uma beleza. Mas você fica na dúvida do bem:
—Ah, será que eu devo? Será que eu posso? Vou magoar fulano, vou magoar sicrano...
— Olhe, minha filha, o bem está dentro do coração da gente. A gente não pode assumir o bem sem inteligência, sem a inteligência de perceber que cada um é responsável por si. Meu propósito não é o de magoar, mas se a pessoa se magoa, isso é responsabilidade dela. É muito diferente quando quero magoar de propósito, quando quero criticar, quando quero agredir, em vez de me omitir. A gente faz propaganda demais da maldade; enquanto a bondade e o sucesso a gente omite, porque é mesquinho. Essa mesquinhez anula a corrente de prosperidade da vida da gente.

*Só quem elogia o sucesso
e não dá força para o fracasso
é que tem sucesso na vida.*

    Olhe em volta de você. Toda criatura, por mais desclassificada que seja, dentro da moral humana, ainda é uma criatura de Deus, ainda é uma criatura que merece respeito. Embora não possamos dar a essa pessoa confiança, porque ela não é digna da nossa confiança, a gente sabe que ela deve ser tratada como ser humano. Isso não vai impedir que você seja enérgico, que a polícia tenha que ser enérgica, que o indivíduo deva responder pela desclassificação que fez, porque a gente responde também à natureza. Se não responde na lei do homem, responde à lei da natureza.

*Ninguém escapa à desonestidade,
ao mal que fez, ao bem com que faltou.*

    A gente tem, portanto, que ser firme mesmo com os filhos, com as pessoas, porque não pode ser bobo. Mas, por outro lado, nessa firmeza existe o respeito pelo ser humano, existe o respeito pela atitude dele. Tome a sua atitude diante da pessoa com firmeza e com convicção, mas não critique. O perdão não envolve deixar que a pessoa abuse. O perdão não envolve deixar que você tome a atitude. Você pode perdoar o seu filho, no sentido de não desclassificá-lo pelo erro que ele fez, de não condená-lo, de não praguejar, não bater e não agredir, mas a corrigenda tem que ser feita.

Ele tem que consertar o que fez, tem que se responsabilizar pelo que fez. A gente vai torná-lo consciente de que ele é responsável pelo erro que fez. E isso é imperdoável. A gente não pode deixar passar nada, porque a natureza não vai deixar passar também. Ele vai receber as consequências, se não fizer direito. Então, faça-o perceber isso, mas não com violência. Não rebaixe o filho que você ama. Não xingue, não grite, não desclassifique com nomes feios, não julgue. Mostre o erro. Não fale mal dele, fale mal do erro. O ato é ruim, não o filho que é ruim. O ato leva a consequências ruins, amargas, desagradáveis. O ato, portanto, é ruim, não o ser humano. O ser humano tem que ser estimulado no bem dele. Diga:

— Olhe, meu filho, o ato é ruim. Mas você é uma pessoa inteligente, você é bom. Não deixe o mal envolver o seu coração. O ato é ruim e vai levá-lo a consequências ruins. Você fez porque quis fazer, então responda por você. Você que criou, agora saboreie. Portanto, se quer saborear o bem, faça o bem. Aí, você tem direito ao sabor bom. Capriche na comida para que ela fique boa. Mas você faz de qualquer jeito e depois quer que fique boa? No mundo não é assim. Se você não investe no que quer, não colhe o que quer. O bem não é o do outro, mas o bem que está no seu coração, o bem que você conhece, que você gosta. E se os outros fizessem isto a você, você gostaria?

— Ah, não gostaria.

— Então, meu filho, por que o outro há de gostar? Me conte.

— Ah, mas o outro provocou. Foi ele que começou...

— E você fez igual, porque não soube lidar de outra forma.

— Ah, ele veio me bater e eu bati nele.

— Tudo bem, meu filho. Os iguais se entendem. Se esse é o único modo que você conhece de lidar com a situação, vá em frente. — É melhor você pensar:

— Eu não vou criticar, não. Vou deixar que ele descubra um modo melhor de fazer. Às vezes também dar um soco no outro para mostrar que tem força faz com que ele seja mais respeitado. Também não vou me meter no senso de bem do meu filho, pois ele ainda precisa viver para entender. Não vou querer que ele aprenda o que não está maduro para aprender. Vou deixar e aguardar a hora certa.

— Deu certo, filho?
— Deu, mãe. Agora ele não enche mais a paciência.
— Então, está bom, meu filho. Esse é o seu modo de resolver pelo bem. Agora, não deu certo, filho? Você está sofrendo? Uai, alguma coisa você não está fazendo de bom.

O que é bom? Bom é o que dá certo, que leva a gente para o bem, para o bem-estar, para a facilidade, para as coisas boas da vida. É o que faz a gente se sentir bem, que acaba com os problemas e com o ruim. Esse é o bem. Bem é o que nos dá a força. Na verdade, esse grande bem, a gente vai reconhecendo em cada um. Mas uma vez que a pessoa está passando por uma situação difícil, é porque não fez todo o bem que podia.

Se você não quer mais que ninguém o perturbe e que interfira no seu caminho, que ninguém mais venha a estragar o seu trabalho, que ninguém mais venha com energia ruim para perturbá-lo, seja encarnado ou desencarnado, você tem que parar de se meter na vida dos outros. A coisa que a gente mais faz neste mundo é se meter na vida dos outros, tomando posição, tomando partido, julgando um, julgando outro. Vocês têm a boca solta e a cabeça totalmente indisciplinada.

Agora, quando fazem isso na sua vida, você fica muito aborrecido. Sabe que isso é ruim e, no entanto, pratica com o outro. Você está, então, à mercê do mundo.

E o mundo vai violentá-lo, invadi-lo, desclassificá-lo, perturbá-lo. Os obsessores vão pegá-lo. Também os encarnados, os estúpidos vão se aproximar de você. Vai, então, conviver num mundo só de gente crítica, esnobe e ruim. Vai sofrer neste mundo. Vai nascer num lar assim, morrer e encontrar espíritos afins. Vai ficar tudo assim, igualzinho a você. Não adianta se fazer de santa, porque você é santa de pau oco. Não tem vítima neste planeta!

Estou dizendo isso porque a maior defesa do indivíduo é a pureza mental. Ser puro não é ser burro, inocente. Puro é a opção pelo bem, por compreender que esse é o seu melhor e que garante o melhor para você. É querer o melhor de verdade, é praticar o melhor de verdade. Não tem nada de ser bonzinho para entrar no reino de Deus, não. Não estou fazendo isso para ganhar favores do mundo. Estou dizendo porque sei que assim funciona melhor. Não sou burro, tenho inteligência, por que vou pegar logo o pior? Para botar o pior na minha vida? Não, eu quero o melhor!

...tudo Deus traz na mão

— Calunga, eu tenho uma urticária crônica e não consigo sarar. Queria saber o que posso fazer para curar o mais rápido possível.
— O que o irrita? Você se irrita muito consigo mesmo. É impaciente, quer tudo para amanhã. Faz um errinho e já fica bravo com você, não é? Deus está lhe mostrando:
— Olhe o que está fazendo com você. Se irrita, se cutuca, se enfeia. Você quer ser diferente do que é, menino, quer ser maior do que é. Fica atormentando os seus limites. Ah, pare de melhorar!
— É isso o que a natureza está dizendo. Você é capaz de parar de melhorar? De dizer: não vou mais melhorar? Pois toda vez que vai melhorar, começa a se irritar. Já começa a se pressionar e a encrencar com você. Não podemos encrencar conosco. Quer encrencar com o vizinho, pois encrenque, mas com você, não! A caridade começa dentro de casa. E a sua casa é o seu corpo. É você mesmo. Pense nisso, minha gente.
— Você anda muito implicante, não anda? O que você quer de si mesmo que não consegue?
— Às vezes tento me superar em certos momentos.
— Ah, você está competindo consigo mesmo? Dê sossego para você. Fique feliz com o que você é: ah, já estou bom demais! Não quero mais nada, não.

— Se você ficar bem consigo, todos os seus sonhos vêm por acréscimo. Vou contar um segredo. Eu sei que você vai se chocar, mas vou falar assim mesmo. Acho que você está maduro para entender: tudo cai do céu! Não adianta esforço. Tudo Deus traz na mão, na porta de casa. Mas se não estiver de bem com você, nada pode funcionar como Deus quer. Deus é perfeito. Ele traz na mão, se você for perfeito como Deus, ou seja, se aceitá-lo completamente no seu coração, se disser: "Ah, sou assim mesmo. Falo desse jeito. Sei o que sei; o que não sei, não sei."

Aceitar-se é consentir que exista mesmo que seja algo negativo e a gente tenha que procurar um modo de melhorá-lo. Aceitar quer dizer que você sabe que algo existe porque tem uma história, e seja ela qual for, é ainda o melhor que cada um sabe fazer. Aceitar não é endossar ou apoiar. Eu aceito o que é negativo mas não apóio. Eu aceito que ele seja um assassino, mas não apóio os crimes. Eu aceito porque não condeno nada e ninguém. Mas eu não apóio o mal, e se puder ajudar para melhorar as coisas eu ajudo, senão deixo tudo na mão de Deus.

As coisas por si só vão se ajeitando. Não vou ficar me preocupando, me esforçando, com vergonha de mim — como você fica quando não se deixa fazer as coisas do seu jeito: "Ah, porque fulano me goza. Porque sicrana fica olhando..."

— Não tem mais isso, não, minha gente. Ah, sou assim mesmo. Quer olhar, que olhe. Quer gozar, goze, que eu gozo junto. Não tenho mais vergonha nenhuma. É assim mesmo que eu sou. Por que vou ter vergonha de mim? Vou implicar comigo? Eu, não! Sou maravilhoso. Deus me criou e sou o espelho Dele. Então, tenho mais que me honrar. Não quero mais desfazer de mim, dos meus esforços. Errei, ué? Ainda bem que tentei fazer! E daí que errei? Sou bacana assim mesmo. E assim a gente vai honrando a Deus em nós. E tudo vem na porta.

Se as coisas para você vêm complicadas, tudo o que podia ser fácil começa a complicar, os outros se metem no meio, então é porque você está fazendo o mesmo com você. Então se diga:

— Olhe, nunca mais vou me combater. Eu estou feliz, viu, Deus? Chega de querer, querer, querer. Não quero mais querer nada. Quero mais é viver, gozar a vida. Não quero ficar sofrendo. Que inferno esse negócio de querer, querer, querer e me matar para ter. Vou soltar para ficar em paz comigo. Obrigado por tudo, Deus!

Aí você vai ver como tudo começa a vir fácil na sua mão.

Se você se trata bem,

a vida o trata bem.

Se você se trata mal,

a vida o trata mal.

Pois quem escolhe

é você, não Deus.

Deus espalha o

bem incessantemente

O bem chega em

sua vida por afinidade

...responsabilidade é poder, não obrigação

A gente faz muita confusão com a palavra responsabilidade. O povo vem com essa cara de sofredor, de carregador de cruz, dizer que isso é responsabilidade, que sofrimento é responsabilidade.

— Olhe, minha filha, não estou acreditando nesse negócio de responsabilidade de vocês, não. Não venha com essa conversa para cima de mim de que você é uma pessoa responsável, sacrificiosa e lutadora.

Vocês estão usando a palavra de forma errada. Isso é para esconder, na verdade, esse negócio de ser mandão, autoritário, ruim, de ser patrão com você, com todo mundo. Você é cheio de sacrifício, cheio de preconceito na cabeça, porque você é guerreiro, lutador, competidor, briguento e encrenqueiro.

— Ah, sou uma pessoa responsável, Calunga.

— Uai, minha filha, se você chama isso de responsabilidade, eu prefiro que você seja irresponsável. Pelo amor de Deus, me seja irresponsável! Você vai ver como conserta a sua vida.

Vocês fazem da vida um sofrimento na cabeça, gente. E dizem que isso é certo? Estão sofrendo e a dor não basta para dizer que está tudo errado?

— Ah, Calunga, mas você acha que agora vou ser uma irresponsável, uma vagabunda?
— Pois seja! Se esse é o nome que você dá para ser uma pessoa solta, livre, que aceita a vida como ela é, então seja vagabunda e irresponsável, porque aí vai ser a sua cura.
Vocês fazem uma confusão de nomes. Não, minha filha, isso é obrigação, é autoritarismo. Responsabilidade não é isso não, minha gente.

> *Responsabilidade é a consciência do próprio ato e das consequências de cada ato. Responsabilidade é poder e não obrigação.*

É o poder que a gente tem de criar a vida da gente de uma forma ou de outra. Vocês falam tudo errado. Depois, ficam com essas conversas de medo de largar tudo na mão de Deus. Todos covardes, mas o preço da covardia é a dor e a solidão, a doença que o deixa preso na impotência para você ver que não é nada.
— Ah, minha filha, a vida ensina! Eu fico quietinho, só olhando o pessoal sofrer quieto, aprendendo. Digo para mim: "Olhe, Calunga, aprenda bem, pois a vida ensina através de cada um que você encontra na frente. Olhe o caso de cada um, observe, pois se você tiver olhos e inteligência para ver, não vai precisar sofrer para aprender".

...perdoar é reconhecer nossas faltas

— Eu não consigo perdoar — diz uma ouvinte do rádio.
— Não dá mesmo. Eu tento, e quando vejo, o ressentimento ainda está lá.
— Então vou te ensinar — diz o Calunga. — Posso ensinar?
Então lembre-se do que fizeram para você que a magoou. O que a pessoa fez contra você? Não precisa explicar tudo, só o ato.
— Ela mentia muito.
— Ela não respeitava você? Não era sincera com você?
— Não era.
— Agora você vai assumir: eu não sou sincera comigo. Por isso a vida me trouxe essa pessoa que faz o mesmo comigo para eu ver, porque não estou querendo ver e isso é a causa da minha desgraça na vida. Como não sou sincera comigo, não me assumo. Não quero mostrar o sentimento que tenho. Quando estou magoada, eu não falo. Quando algo me causa desprazer, não assumo, eu minto. Depois, quero me esconder, porque tenho vergonha do que sinto. Não sou sincera e, então, Deus me trouxe uma pessoa que não é sincera para eu ver esse problema em

mim. Está vendo como a coisa funciona? Você vai assumir o seu problema? Viu que o que a pessoa lhe fez é o mesmo que você faz consigo?

— Vi.

— Então você é a responsável por ter atraído essa pessoa na sua vida. E ela só age assim com você.

— Quando faço assim, fica ainda mais pesado...

— Para você ver a sua verdade: como você é pesada. Como você não é sincera, não é leve, não se assume completamente. E se você não curar isso, vem outra pessoa assim na sua vida. Pelo amor de Deus, chega uma lição! Quando você mudar sua forma de agir, essa pessoa vai ser sincera com você. Cuide de você. Perdoar é reconhecer nossas faltas, não a do outro.

— Mas, Calunga, tem o outro...

— Não tem o outro. Foi você que atraiu. E a vida trouxe, mas por que a vida trouxe? Para mostrar como você é com você. Tem que assumir as suas faltas. O que são as faltas? É o mal que se faz para os outros? Não, é o mal que se faz para a gente mesmo. Caridade não é com os outros, é com a gente. Se eu o amo e o abraço é porque tenho caridade comigo. Se saio de casa para atender às suas necessidades, se corro para ajudá-lo, é porque sou caridoso comigo, com a minha boa vontade, com a minha disposição, com a minha natureza. Sou caridoso com a minha natureza caridosa. Quem manda em mim é meu coração e minha natureza.

— Ah, mas você é bobo em ajudar aquela pessoa, Calunga — vem alguém me dizer.

— Uai, o meu coração gosta. Está com inveja, sua encrenqueira? Por que você quer me ver ruim, hein? É porque você tem ruindade na cabeça. Eu não vou entrar nisso. Vou gostar de você assim mesmo com essa cabeça ruim. Se eu gostar de você mesmo com essa cabeça maliciosa, você nunca poderá me atingir. Pois o amor lava a multidão de pecados.

Eu sei que a pessoa não presta, que é ruim, encrencada, mas prefiro gostar dela e ser o oposto a ser igual a ela. Pois se eu gosto, não sou igual. Meu coração é nobre, nossa natureza é nobre, porque somos Deus. Tudo o que você escolhe com nobreza, você se eleva. Agora, você faz igual aos outros. Por que se rebaixa? Depois paga o compromisso que tem com você.

— Ah, mas ele fez maldade para os outros.

— Uai, os outros também deixaram.

— Ah, mas você falou e a mulher saiu complicada, ficou nervosa. Complicou a vida dela.

— Uai, como posso controlar as orelhas dos outros? Eu sou uma rosa, faço perfume. Não quero nem saber para onde ele vai. É coisa de Deus. Eu não sou responsável como vocês. Sou completamente impotente no que diz respeito ao poder dos outros. Então entreguei a Deus:

— Ah, Deus, seja feita a sua vontade. Não tem mais a minha vontade, não tem mais eu. Uai, se não tem mais eu, pense um pouco, minha gente. Não tem mais responsabilidade nem consequência. Deus é que faz tudo. Eu entrei no evangelho: fiquei perfeito como o Pai. Eu fiquei, entreguei. Só será feita a vontade do Pai onde o meu poder não pode entrar!

Vocês acham que é demais? Você está chocada? É difícil? Não sei, minha filha, você vai chegar lá, compreendendo as coisas devagar. Não me leve a mal. Só estou aqui para trocar ideias.

...só há recuperação se o ser humano for atingido na sua essência

É muito bom que devagar a gente vá se acostumando a essa relação entre dois mundos, duas dimensões neste país maravilhoso que acolhe hoje a mediunidade com muito respeito, com muita responsabilidade. São milhares e milhares de médiuns no trabalho constante, diário, em centenas de centros, aquele trabalho voluntário de carinho e de amor à humanidade, espalhando paz e renovação, apoio, assistência, curas. Que beleza! Que aspecto bonito do nosso país!

Essa liberdade me possibilita estar aqui, sem a censura da religião, sem a censura política, sem a censura social. Que coisa boa a liberdade de expressão, de comunicação e também esse povo de cabeça aberta, querendo conhecer um pouco de tudo e evoluindo. São coisas boas que a gente tem que saber apreciar. Se não fosse neste país, acho que em outro não haveria jeito, pois há muitos países que ainda rejeitam a mediunidade. Acreditam que é coisa primitiva, de gente ignorante, sem conhecimento. Eles abraçam a mentalidade que chamam de social, de sistema socialista, materialista. Acham que a violência é fruto da miséria, que os problemas humanos são frutos da situação sócio-econômica.

Eles ignoram a reencarnação. Não sabem que esse jovens que hoje estão aí, na violência, são reencarnações de pessoas que a própria sociedade, em outras vidas, estimulou à agressão, seja na Primeira ou na Segunda Guerra Mundial, seja por meio dos sistemas autoritários que criaram perfeitos monstros, através da coerção, através da transformação cruel da mente humana, que fizeram desses indivíduos seres violentos.

Hoje eles renascem nos lares dessas pessoas e ninguém entende por quê. Os pais bons dando orientação, dinheiro, carinho, e assim mesmo os filhos, na adolescência, vão para as drogas, vão para as gangues, atacando e enfrentando esse mundo. Esse povo aí fica querendo fechar os olhos:

— Não, o problema está nas desigualdades sociais, na falta de dinheiro.

Como isso é mentira, minha gente! Falta de dinheiro não faz delinquência, porque senão, na classe dos ricos, não haveria delinquência e a classe dos ricos está cheia de delinquência, de crimes horrendos, de pessoas viciadas em drogas, não é verdade? Em qualquer classe, é na do rico, é na classe média, é na do pobre. Isso é do ser humano, isso é lá dentro deles.

O ser humano fica culpando a falta de assistência, a falta de emprego, que, segundo ele, faz o indivíduo ser ladrão. Isso é mentira, minha gente! Pobre não é ladrão porque é pobre ou rico é ladrão porque é rico. Existe de tudo na raça humana, em qualquer classe social. Existe o ladrão que é pobre, existe o ladrão que é rico. E existe o ladrão de classe média, aquele que nasceu com essa tendência, que está desviado do caminho da integridade humana, que está propício ao desrespeito. Muitas vezes, não adianta a educação, não adiantam os pais, não adianta o carinho, não adiantam os exemplos.

O indivíduo, de repente, revela em si os seus pensamentos, não é verdade? E você vê aí, na Alemanha, durante a Segunda Guerra Mundial, o desenvolvimento do racismo, desse povo que perseguiu os judeus, desses nazistas criando perfeitos monstros fanáticos, de uma ideologia cruel que aterrorizou o mundo. Esses homens morreram na guerra e, depois de um tempo, reencarnaram. Estão aí reencarnados, já adolescentes. Começam a fazer um movimento igualzinho ao que faziam antes. Dizem que chama agora neonazismo. Estão todos iguais, com violência, ressuscitando o absurdo das ideias desse povo que quer massacrar o ser humano. Por isso, não adianta matar o povo, não adianta a pena de morte, não adianta nada, porque os espíritos continuam iguais.

Fico pensando, minha gente, como são as coisas neste mundo. Você sabe que, quando o governo comunista tomou conta da China, o país estava numa condição terrível, pois o Japão antes havia dominado os chineses e viciado a população em ópio. Era uma desgraceira aquelas casas de ópio, uma degradação do ser humano, que matava, fazia o diabo para ter um pouco de ópio.

Quando o governo comunista assumiu o poder com a sua violência, resolveu que iriam acabar com aquilo tudo. Deram uma chance: ou o povo largava o ópio ou iriam matar todos os traficantes. Qualquer um que quisesse continuar a fumar morria também. Fizeram disso uma guerra dentro do país e mataram gente para burro. Não precisa dizer que, depois de dois anos, não havia um que quisesse fumar ópio e o país ficou limpo. Muito bem, esse povo todo desencarnou, e aí? Para onde foi, já que lá não podia e as pessoas não largaram esse vício, esse hábito?

Eles foram reencarnar nos Estados Unidos, na Europa e vieram reencarnar também aqui no Brasil. Esse povo está aí, doido para isso. Estão aí cheirando cocaína, que é um substituto do ópio nos seus efeitos. Então, matar não adianta. Não adianta matar todos os pobres, nem todos os viciados, nem todos os bandidos. Voltam todos. Reencarnam todos aí de volta. É, minha gente, isso não é solução.

Por isso que é uma beleza quando a mente do ser humano se abre e ele enxerga com os olhos do espiritualismo, com os olhos da evolução. Na verdade, a reencarnação é um dado comum a todos. Não pertence ao espiritismo, não pertence a nenhuma religião. É um fator da vida. Um dia, quando o povo se adiantar mais, vocês vão ter uma ciência oficial só para estudar a reencarnação. Vão ter também uma ciência para estudar só o corpo astral, para estudar o duplo etérico. Vamos ter um intercâmbio, através da eletrônica avançada, entre os dois mundos para a pesquisa. Isso vai ser num futuro bem próximo, mas enquanto não chega o avanço da mentalidade de vocês, a gente vai falando pelos médiuns mesmo, pelas bocas que nos dão o direito dessa manifestação.

Quero que vocês pensem melhor na suas crenças, que, antes de fazer um pensamento sócio-materialista, saibam pensar com a cabeça avançada, com a cabeça da vanguarda, porque nós, minha gente, estamos na vanguarda. Somos para lá de modernos. Eu, desencarnado, falar no rádio com vocês, através da mediunidade, é para lá de moderno. Se você fizesse isso na França, nos Estados Unidos, no Japão, o povo iria ficar apavorado, sem entender nada. Estão todos na ignorância, vivendo os problemas humanos, sem solução, problemas sociais sérios, problemas sérios individuais, problemas sérios no casamento, na educação, sem encontrar uma maneira que traga uma solução. Então não há solução e o povo vai vivendo e sofrendo.

E não há mesmo, se você não entender certas coisas do ponto de vista espiritual. Não se alarme, porque Deus quer assim. Pois na hora em que Ele quiser, vai impor. Precisa primeiro que a mente humana amadureça e se convença de que esse sistema socialista, que esse sistema materialista não resolve os problemas do ser humano. E que se por um lado a religião extremista, fanática, não resolve, por outro também não resolve o materialismo fanático extremista. O que resolve? O bom senso, o pé no chão, o discernimento claro, a espiritualidade científica, racional, quer dizer, bem pensada, que integre todas as necessidades humanas, sem oprimir o homem, sem fazer dele um robô, por meio de um condicionamento, mas que desenvolva no ser humano a inteligência, a perspicácia de conhecer a vida por um ângulo mais profundo, mais acertado.

Nós não somos os primeiros a dizer isso. Desde que o mundo é mundo, isso está aqui. Se vocês não tivessem o curandeiro na tribo, quando todos nós ainda éramos índios, primitivos, não teríamos sobrevivido. Não tinha médico, tinha só orientação espiritual ou orientação do astral. Só assim é que nós sobrevivemos. O que vocês pensam? Que descobrem as coisas, é? Que vocês inventam as coisas? Vocês estão cegos, minha gente. Vocês não descobrem nada. Tudo vem aqui do astral.

É o remédio que o cientista acha; é a inspiração que lida com o artista, com o músico; é a inspiração para que o empresário tenha as respostas e o entendimento que precisa para o progresso dele. Somos nós que inspiramos e realizamos o conhecimento aí na Terra, procurando dar influências em todos os sentidos, desde uma influência individual até uma coletiva, quando a pessoa tem receptividade. Depois dessa influência, o ser humano faz o que quer com aquilo, deforma, deturpa, como deturparam o cristianismo, como deturparam o budismo, como deturpam tudo.

A pessoa vai assistir a um filme e já conta para a colega um filme completamente diferente. Se a outra que está do lado é mais ajustada e vê contar, fica até brava:

— Mas não é nada disso. Onde você viu isso? — A pessoa até conta coisa que não estava no filme.

O ser humano é assim: confuso, atrapalhado. Gosta de inventar. Ah, como é bom fazer a coisa mais espetacular do que é. Poderia ser uma coisinha à toa, mas se for contar aquilo, inventa para ficar bem emocionante, bem engraçado ou bem trágico, para a pessoa ficar escutando a gente com os olhos arregalados. O ser humano gosta de inventar, de enfiar as ideias dele no meio, e quando você vê já não tem mais nada a ver com aquela fonte de informação.

O povo é assim mesmo, indisciplinado na fantasia. Inventar é bom, mas se você gosta mesmo, vá escrever para teatro, fazer ficção ou alguma coisa que todo mundo saiba que é invenção. Agora, esse negócio de inventar e fingir que é verdade, isso é enganação, é desonestidade. Mas a pessoa, às vezes, inventa tanto que acaba acreditando na própria invenção. Aí, ela fica totalmente louca. Loucura é isso. É a pessoa que acreditou nas próprias invenções. Vai perdendo os sensos, vai dando loucura e desequilíbrio. Invenção é bom no lugar certo; mal usada, você só vai se machucar e machucar os outros.

Falando novamente da espiritualidade, como é bom a gente compreender tudo isso. Como é bom olhar para os parentes e ver que os filhos, por mais que você faça, vão ser eles mesmos. Claro que você pode ter uma boa influência sobre eles, dando-lhes bons princípios, educando e reorientando suas forças, ensinando que podem usar a fantasia deles num sentido melhor, que podem fazer com que as energias de briga e de raiva se transformem em coragem. E, assim por diante, a gente pode ensinar a disciplina, que é a inteligência a serviço da realização. A gente pode fazer muita coisa pelos filhos. Claro que pode. Mas tem coisas em que a gente é limitado, que não consegue.

Você fica preocupada com os filhos e com os caminhos que possam tomar. Os pais se sentem até culpados, pois a sociedade culpa mesmo:

— Como você deixa seu filho fazer isso, fazer aquilo?

Os pais ficam apavorados e aí se perdem. Correm para psicólogos, correm para isso, correm para aquilo, nervosos.

— Meu Deus, eu sou a culpada de meu filho estar assim sofrendo. Ou de estar sendo um tormento para a sociedade. O que eu vou fazer? — reza e pede.

A gente fica vendo que tudo isso é materialismo, porque precisa olhar bem para aquela criatura que já vem de outras experiências, que já teve outras vidas, que tem suas tendências, tem seus desejos, seus condicionamentos que traz de vidas passadas, mas vocês querem mudar isso, achando que os filhos têm defeitos:

— Ah, minha filha é muito tímida. Então preciso levá-la à psicóloga para ver se ela se socializa melhor.

Ou mesmo:

— Meu filho é muito agressivo. Preciso falar com o psicólogo para ver se tem alguma coisa errada com ele.

Esse povo pode ajudar, mas são vocês mesmos que têm que fazer o serviço, minha gente. Se a criança é muito levada da breca é porque ela tem muita energia de realização, muita energia de extroversão. Então você precisa encaminhar para o esporte, para as lutas marciais, para a arte, encaminhar para realizações profissionais em que ela possa dispender essa energia de uma forma boa, disciplinada, que tire proveito o resto da vida e que não lhe cause aborrecimentos com a sociedade, com as pessoas. Isso é orientação das energias, não é punição, pois não há nada errado com o ser humano.

Sua filha não é errada por ser tímida. Ela é assim mesmo. E através desse seu jeito, ela pode desenvolver uma série de tarefas que requerem a solidão e o recato. Há profissão para gente que gosta de andar na rua. Se a pessoa é aflita e não gosta de ficar fechada no escritório, tem que vender coisa na rua, vai ser carteiro. Agora, se você não gosta de ficar andando de um lado para outro, então vá trabalhar no escritório Tem de tudo para todo mundo. Tudo tem uma utilidade, não tem defeito.

Se acha que o seu filho fala demais, talvez um dia ele vá ser professor, orador, locutor de rádio, qualquer coisa que faça com que ele desenvolva essa vontade de falar no bom sentido. Ensine-o a falar direito, ponha-o para falar em público, para melhorar cada vez mais essa arte. Amanhã, ele pode ser um político, nunca se sabe, minha gente. Nada é defeito. Não queira calar a boca de seu filho, se ele fala demais, só porque você gosta de pessoa que fala menos. Os filhos já nascem com tendências.

Há mesmo aqueles que já vêm com tendências criminosas. Nascem com essas tendências. São crianças estranhas, muito inteligentes. Mas a gente percebe que elas perdem com facilidade a paciência e vão aos extremos na agressão. São as pessoas com índoles criminosas, facínoras. Essas crianças requerem mesmo muito cuidado. É preciso ensiná-las a se impor, sem chegar a esse nível de violência. Não adianta ser violento com elas, não adianta

143

bater, porque isso só estimula nelas a agressividade. Então, quando você vir que elas vão aos extremos, ensine:
— Olha, você pode dizer "não", sem precisar bater. Pode gritar, mas não precisa bater, entendeu? Não precisa.

Devagar, então, você vai ensinando que ela pode manifestar o seu querer, seu prazer ou desprazer, sem precisar bater com a mão. Assim por diante, a gente vai orientando as forças espirituais. Pois, acima de tudo, minha gente, se não tiver educação espiritual, não adianta. Vocês hoje relaxaram de vez: nem vão à igreja nem vão a lugar nenhum. Vocês não ensinam os filhos a amar Deus sobre todas as coisas, a amar o próximo; a desenvolver a compaixão, o amor, o respeito; a desenvolver o contato com as fontes internas de Deus, que são as fontes da nossa essência, da nossa alma. Não ensinam as crianças a orar, a ter fé e a confiar. Essas crianças, então, ficam no abandono espiritual.

Eu não acredito em outra coisa nesse mundo que possa fazer o indivíduo orientar suas energias. Mesmo os indivíduos mais agressivos, com personalidade facínora, desenvolvem um autocontrole e vão se renovando através desse controle. Pois se não houver a orientação espiritual, não há recuperação. Assim é com os detentos. Se você prende uma pessoa e quer educá-la com psicologia, não vai conseguir nada. Mas se educá-la com religião, se educá-la com espiritualidade da boa, aí ela muda, porque você toca na essência dela.

Você também não vai mudar o seu filho se não tocar na essência dele, se não despertá-lo para dentro de si, naquilo que há de mais profundo no ser humano, no que há de mais forte e real, que é a experiência sublime da comunhão com o Deus interior. É quando nos sentimos empolgados, quando nos sentimos comovidos, ou seja, movidos por aquela força interior. Isso que é comoção.

Comoção é a movimentação de Deus, espargindo a Sua luz dentro de nós.

É essa comoção que nos traz os aspectos sublimes da existência e impulsos verdadeiros do espírito. É a base da moral ampla, da verdadeira moral cósmica. Se você não toca lá dentro os seus filhos, você não tem reformulação, não tem reencaminhamento das energias. Assim também é com o adulto. Se não tocar nas fibras do coração dele para que ele sinta o seu ser verdadeiro, ele não vai escutá-lo, não vai respeitá-lo, não vai assumir tudo aquilo que você poderia ensinar para que ele viva melhor.

Não haverá recuperação, seja ele um marginal solto, seja ele um marginal preso. Pois existem muito mais marginais soltos do que presos. São os marginais espertos, os que são tão marginais que já são esquizóides, que já são do tipo psicótico, que estão aí na sociedade fazendo política, fazendo comércio, fazendo cinema e televisão e estão se especializando, cada vez mais, na violência do ser humano.

É como esse povo que trabalha em hospitais e rouba os remédios, o dinheiro, quando sabe que aqueles hospitais servem para atender a população carente. Esse pessoal rouba, então, do povo carente. Isso já é uma danação mental. Isso é verdadeiramente a psicose. A pessoa está tão fora da essência espiritual dela que já está no desequilíbrio. Parece gente normal, parece gente comum, mas o nível de corrupção interior é tão grande que lhe aguarda no futuro uma vida com muito sofrimento. Esse desequilíbrio vai piorando, degradando, deteriorando a pessoa, que acaba se esclerosando, enlouquecendo e passa a vida como vagabunda. Vai viver na miséria, na doença, na loucura.

Vocês aguardem, porque nas gerações futuras teremos grandes desequilíbrios, populações com grandes doenças mentais, para ver se esse pessoal, aos poucos, já não reage mais agressivamente e se começa um trabalho de reencontro consigo mesmo, mas não sem antes passar por essa fase de deterioração da mentalidade corrupta. Isso tudo vem aí, minha gente. E vocês vão assistir do plano espiritual, desencarnados, ou aí mesmo.

...ser normal
não é natural

Como o povo é engraçado com essa mania de copiar! Um copia o outro. Parece que Deus não deu ao homem o poder da criação. Mas cada um é si mesmo. Cada um é, na verdade, um universo, um jeito próprio de falar, de se mexer, uma cabeça, uma sentença. Cada um é uma cara, mas o povo faz uma força para ficar com a mesma cara, vestir as mesmas roupas, fazer tudo igual.

É uma coisa engraçada o ser humano. Vocês não acham?

A natureza trabalha pela originalidade e o homem trabalha pela ilusão da igualdade, porque acha que tem que ser igual, porque não quer ser diferente. Ao mesmo tempo em que, de vez em quando, ele quer ser especial para ser melhor do que os outros. Mas não quer ser diferente, não. Quer ser igual. Um imita o outro, fala igual ao outro, faz igual ao outro, quer comprar a roupa que o outro comprou, quer comprar o carro que o outro comprou. É de uma pobreza!

O homem podia ser tão mais colorido, trazendo de dentro de si a sua originalidade. Mas todo mundo esconde. Morre de medo de mostrar uma coisinha diferente. "Ai, que loucura!" Tem medo de parecer louco:

147

— Eu faço isso, mas isso aqui é normal.

Ah, minha gente, que doença! Você é normal, minha filha? Você, então, é doente. Eu sinto muito, porque você está contra a sua natureza. A natureza não é normal, não! Ela faz cada um com uma cara, faz cada um de um jeito. E aí vem vocês dizer que está errado, que vocês têm que ser tudo igual. Falam igual, comem igual, pensam igual. Que coisa mais triste! E tem gente sofrendo nesse mundo só porque quer ser igual. Não é uma coisa engraçada o ser humano? Sofre porque, na verdade, fica contra si, se sente esquisito, um marginal.

— Ah, porque não sou igual. Quero ser igual à fulana, igual à sicrana.

Mas as pessoas escondem isso.

— Ah, mas isso não é normal, Calunga?

Que coisa triste quando a pessoa pensa assim. Penso: coitada, como vai sofrer na vida. Quanta luta para esconder a própria natureza divina dentro dela. Uai, Deus não se repete em ninguém. Se você está procurando ser normal, está contra Deus e só vai arrumar encrenca na vida. Vai, meu filho!

— É que eu não gosto de ser diferente. Tenho medo que os outros me olhem e digam: "Ah, que mulher mais esquisita! Que homem esquisito!"

O povo fica na vaidade, mesmo. Vive para os outros verem, para os outros não falarem. É um povo de uma pobreza, uma coisa triste que vai descolorindo a vida dele, descolorindo, desbotando e vai ficando aquela coisa velha, feia. Anda pela rua como uma alma penada. Esse povo dirige carro, come, vê televisão, mas é um povo todo desbotado, sem cor, sem vibração, sem alegria, sem entusiasmo. Todos fazendo as obrigações da vida.

— Ah, Calunga, porque eu tenho as minhas obrigações. Sou uma pessoa responsável.

Tudo sem cor, os olhos sem vida.

— Ah, Calunga, sou assim, mas também todo mundo é!

Então, você está pior do que eu pensei. Está numa vida ruim, triste, traindo a sua natureza. Está numa vida descolorida. E depois ainda ataca a vida:

— Ah, porque a vida é ruim, a vida é sem graça, a vida é cheia de problemas. Porque eu sofro assim, porque sofro assado.

Ninguém quer ver que a vida deu tudo, está cheia de cor, de originalidade, de vibração, cheia de força, cheia de possibilidades.

Mas, na cabeça, vocês querem ser normais. Sofrem da doença do normal. Normal é descolorido, minha gente! Normal é sem cor. Normal é um número na multidão. Você quer ser um número na multidão, é? Será, minha filha, que isso vai satisfazer o seu espírito? Se satisfizer, está bom. Mas se você está com tédio, se sofre de insatisfação na vida, é porque você é normal. É cheia de tapeação com as coisas materiais.

— Ah, porque eu trabalho para viver, para sustentar, para criar os filhos e tal...

E é aquela vida descolorida, sempre igual. As pessoas assim ficam sobrando pelos cantos da vida, feito zumbi. E depois ficam aí sofrendo na mente social encarnada, nessa danação na Terra, seguindo os normais. Enquanto o seu espírito interior, sua alma, seu ser essencial tem que esperar você se cansar dessas besteiras para despertar para si e emancipar-se para seguir os planos que a natureza arquitetou para você. Muitas vezes é o sofrimento que desencanta as besteiras do mundo para que a alma possa se libertar e ser feliz, porque ninguém pode ser feliz negando Deus dentro de si, negando a sua essência, a sua natureza. Não importa, minha gente, o discurso que você faz, as histórias que você conta. Se age contra a natureza, o resultado é dor e sofrimento.

Fica copiando os outros, sem entender que ser espiritual é ser a gente mesmo. É aceitar Deus em nós. O que é Deus em nós, minha filha? É você mesmo do jeito que você é, com as suas esquisitices. O que você chama de loucura nada mais é do que as características que Deus lhe deu: a cara, a mão que Deus lhe deu. O que você pensa que é?

Se quer deixar de ser macaca, pare de copiar. Como é que você quer ser espiritual, se é macaca? Uai, você não

gosta de ver que é macaca, mas é! Não pode ver as coisas dos outros que já quer:
— Ah, que bonito, também quero.
É macaquinha, tola, com uma vida pobre, pequena, cheia de coisa ruim. Vamos levantar e entender, de uma vez por todas, que honrar a vida em nós é uma necessidade para criar o sucesso, de harmonia, de paz interior, de elevação, de crescimento e de desenvolvimento. Para que você tenha a realização, a felicidade e a posse dos tesouros que a natureza lhe deu e não que negue.
O povo que quer consertar a obra divina só pode ter problema. Você acha que não? Aposto que você tem muita coisa que não solta, que prende:
— Ah, Calunga, se eu for assim, vão dizer que sou louca. Se eu for assim, vou perder o meu emprego...
Essas bobagens que você pensa. Acha que se louvar a Deus, Deus vai abandoná-la? É você que abandonou Deus para ser igual aos outros, para se enganar. Depois perdeu tudo o que Deus pode lhe dar. Quando louva a Deus, assumindo a sua verdadeira pessoa, você põe Deus do seu lado, põe Deus e as facilidades do Universo divino a seu favor, porque o Universo divino está cheio de facilidades, de forças, de poderes que podem trabalhar para nós. Mas se a gente está contra... Uai, depois fica se queixando que a vida é dura, que não tem isso, não tem aquilo... Mas você é contra, minha filha. Quer parecer bonitinha para os outros, em vez de honrar a sua natureza. Depois que você fica igual a todo mundo e que ninguém liga mais para você porque você é uma igual, é uma qualquer na multidão, um nada, fica aí:
— Ah, fui rejeitada. Ah, esse mundo é cruel e ninguém liga para ninguém. Só os ruins têm dinheiro, têm destaque...
— Ah, que conversa feia. Não mostre assim sua degradação. Fica feio exibir a sua ignorância por aí. A gente fica olhando a vida curar: o povo no leito da dor, largando qualquer vaidade. No sofrimento, a gente vai vendo que nada vale a pena, porque a dor nos chama para a verdade, para nos tirar da ilusão e da vaidade. Fico só olhando o

trabalho da vida em cada um. Como a vida corrige as loucuras da gente, as bobagens e as ilusões.

Quando a gente vê a pessoa que é muito si mesma, que assume sua natureza interior, que leva para a frente, pode crer que chegou lá porque já passou, já se desiludiu:

— Besteira essas vaidades do mundo. O negócio é ficar em paz com a minha natureza, é ser o que se é. Deixa eu também não ficar me incomodando com o criticismo dos outros.

Quem é natural não é normal. Quem está do lado de Deus e da natureza não é normal.

Mas que é engraçado, é! É um planeta de macaquinhos. Só não ficam pendurados em árvores, mas andam de carrinho pendurados nos elevadores. É, realmente, tudo macaquinho!

...o único lado para ficar é o da sua alma

A gente vai compreendendo que é importante louvar a Deus em nós, respeitando a nossa natureza, para não encontrarmos na vida os conflitos.

Para não criarmos situações contra nós, é preciso que estejamos do nosso lado. Muitas pessoas têm dificuldade de saber como é a sua natureza, uma vez que a vida toda elas vêm corrompendo, corrompendo. Precisa de um tempo e de uma atenção para ver bem como é a natureza daquilo que verdadeiramente gosta e a faz sentir-se à vontade, daquilo que são seus verdadeiros impulsos da alma e separá-los do que é falso.

A gente precisa mesmo pelejar para encontrar, uma vez que há muito tempo vem se enganando, se tapeando, vem aprendendo a copiar os outros, em vez de usar a própria alma, o próprio senso. Esse reencontro, muitas das vezes, custa porque, mesmo que você queira, está muito cheio de porcaria na cabeça, cheio de enganação. Mas vale a pena, uma vez que você queira, que você peça ao Universo que o ajude a encontrar, de verdade, quem você é.

Mas não pense que não vai levar um tempo para descobrir as enganações que você se pôs, as mentiras que você escutou, as porcarias que você enfiou na cabeça. A maioria das pessoas é enganada, tapeada, corrompida dessa maneira. Então não encontra a felicidade interior.

A primeira etapa é a humildade para a gente poder encontrar.

Depois que encontrar, precisa manter isso vivo, através do apoio total e incondicional à sua própria natureza.

Aí a sua alma se expande e você começa a encontrar realização e felicidade na vida. Mas, antes disso, não tem jeito, não! Ninguém vai ser feliz se não for pelo caminho que Deus colocou para cada um.

Você só pode ser feliz se estiver conectado com sua verdade. Se você se conectar com as ilusões, seu arbítrio o fará sofrer. Se você se conectar com sua força interior, com sua verdade, com a certeza de Deus em si, então seu arbítrio vai levá-la aos caminhos da felicidade. Por isso, não há escolha. Seu arbítrio pode ser uma grande arma contra você, como pode também ser uma grande força a seu favor. Isso vai depender de como você o usa. Se há muito tempo vem traindo sua natureza, está perdendo de vista quem você é lá no fundo, está em compromisso e débito consigo. Portanto, sua vida não tem colorido e felicidade.

Se sua vida é infeliz, você é a responsável! Se ela vai mudar para melhor, não sei. Depende do seu empenho, do seu esforço. Deus e a natureza estão sempre prontos a lhe dar os recursos necessários para que você retorne à sua casa, que o filho pródigo retorne à casa do Pai. Mas depende de o filho querer, depende de ele acordar. E muitas vezes ele só acorda depois de muita dor, sofrimento e cansaço. Ou vai pela inteligência e pela busca. O que você está buscando na vida? Também não importa o que você pensa que está buscando, porque:

Cada um só busca a si mesmo, pois só encontra o que se é.

Não importa o que esteja fazendo, se você está infeliz é porque está contra a sua natureza. Esse esquema é bom porque leva a gente à compreensão interior.

Muita gente melhora porque reconhece:

— Ah, achei Cristo no meu coração.

Na verdade, achou a si mesmo. Aí, ela se encontra, toma pé firme e consegue ter uma vida colorida. É uma pena que fica no fanatismo, em vez de compreender que a alma não pode seguir uma escola, senão a própria natureza. Não adianta, minha filha, existe só uma religião no Universo: a natureza. O resto é tudo maneira de os homens enxergarem.

Há tantas religiões quanto homens no mundo. O que vale é estarmos em paz com a natureza, que é tudo em nós. Em primeiro lugar é dentro de nós, para depois poder se harmonizar com o ambiente.

O povo anda falando de ecologia, e com toda a razão. Não podemos fazer o que estamos fazendo com a Terra, que é a nossa mãe. Um filho não pode arrebentar, furar uma mãe, deixá-la fraca, doente. A gente tem que tratar bem a nossa mãe Terra. Mas como esse povo pode tratar bem, se nem a si mesmo trata bem? Como pode ter amor pelos outros, tratar bem dos outros, tratar bem de filho, de marido, de pai, se nem trata bem a si mesmo? Mentira! Não trata bem. É tudo falso, é tudo por dever, porque ou tem no coração ou não tem. E quem não faz para si não tem no coração. Eu sinto muito, minha filha, ninguém pode dar o que não tem. Parece que estão dando mas é só por fora.

Tudo começa dentro de casa, começa conosco, depois se expande, graças a Deus, pelo ambiente, pelo mundo, que tanto precisa que nós cresçamos.

...assim como o amor, o ódio também une

— Calunga, tenho um problema com meu filho mais velho. Desde que ele nasceu, eu sentia ódio dele. Fui ao centro, mas ainda não consigo amá-lo. Com o mais novo nunca tive esse problema.

— Acho que você precisa ter um pouco de paciência. Também não vai se forçar a amar quem não ama, mas respeitar você pode, não pode?

— Tento amar...

— Não é para amar, é para respeitar. É aceitá-lo como ele é, ao mesmo tempo em que você se respeita e se aceita como é. Você é assim. É preciso respeitar que você é mãe e cumprir sua responsabilidade, sua função de mãe com dignidade. Mas você não pode obrigar um coração a amar. Toda mãe passa por problema semelhante, embora elas escondam, porque têm medo disso. Quem tem muitos filhos tem sempre um que é o predileto. Não adianta negar. É assim que é, porque a reencarnação mostra laços de afinidades, sejam elas afinidades positivas ou negativas.

O seu respeito, o seu desvelo a este filho não precisa ser por amor, mas pode ser pela sua consciência de mãe, pela sua consciência de respeito ao ser humano, não é verdade? Então esqueça isso tudo, deixe de ser uma pessoa muito "magoável" e perdoe, porque assim você vai se elevando. Mas não queira exigir de você o impossível.

A gente não pode lutar contra o que, às vezes, é muito maior que a gente. Mas não é por isso que precisa se entregar de forma bestial a certas coisas. Podemos ter um meio termo, uma moderação. Se não posso exigir o amor de mãe pelas ligações do passado que foram difíceis, posso pelo menos ter o respeito, que é uma forma de mediar uma relação que eu criei atraindo pessoas positivamente incompatíveis para o meu lado.

Não foi bem Deus que juntou, porque quando a gente tem um inimigo está mais ligado a ele do que se gosta de pensar. Como uma grande paixão, inimigo também é apego. A gente fica apegado ao inimigo. E tudo o que acha que é problema na vida culpa o inimigo. De sorte que isso acaba sempre atraindo essa pessoa para a nossa vida, de uma forma ou de outra. Como o amor, o ódio também une.

É assim que vamos constituindo nossas famílias, tanto pelas uniões simpáticas quanto pelas antipáticas. Às vezes, tudo isso se mistura e dá aquelas confusões de temperamentos e choques dentro de um lar. É por isso que, através da visão da reencarnação, podemos ter uma compreensão espiritual das afinidades e da falta delas na família. Quando não há afinidade, muitas vezes não podemos fazer nada para melhorar. Mas temos a necessidade, o dever de manter o equilíbrio através do respeito.

Sendo assim, vamos nos perdoando e nos separando de pessoas que nos são muito estranhas. Por enquanto, é o melhor que podemos fazer. E não vamos exigir nada além do que se pode fazer.

...só se vê a Deus com os olhos da alma

— Estou confusa, me sentindo perdida. Mesmo tendo a minha família, me sinto só. Não me sinto envolvida com Deus.

— É porque você corta Ele fora da sua vida. Não evoca. Deus não é o que você pensa, porque Ele não é um pensamento. Deus é o que você sente.

— Mas eu não consigo sentir...

— É você que não quer. Você sofreu decepções que a marcaram e aí se negou na sua revolta, porque é uma moça muito revoltada.

— Mas eu não quero me sentir assim.

— Não quer, mas não adianta. A sua verdade é a sua verdade. Não dá para fugir. Então, largue tudo, filha! Por que você tem que ser miserável o tempo todo? Por que não olha as coisas boas que tem? Por que está sempre olhando as coisas ruins, imperfeitas? É uma moça que tem tudo. Primeiro, você tem a vida, porque está aí viva. Então, o primeiro tesouro você já tem.

— Graças a Deus!

— Ah, agora Deus aparece? Ah, filha, como é isso daí? Olhe a vida que é sua. Olhe Deus na constante doação da

157

vida. O resto tudo é bobagem. Deus é calor, é aconchego. Deus é o ponto de segurança, Deus é o sossego.
— Eu acabo exigindo muito Dele e aí eu vejo...
— É só você que exige, porque Deus não exige nada de você. Ele só está dando, está entendendo você na sua loucura. Ele a perdoa, tanto que pode dar.
— É verdade.
— Quer amigo melhor que esse? Agora mesmo você está sentindo carinho no seu corpo, não está?
— Muito.
— Então, esse carinho que você está sentindo é Ele. Aliás, o único ser no Universo que toca a nossa alma é Deus. Mais ninguém pode tocar. Ele está tocando você por dentro, acariciando, dizendo: "Calma, minha filha, não fique com medo. Sozinha, você não vai a lugar nenhum".
— E estou precisando tanto dele...
— Mas Ele está aí dentro de você. Deite sua cabeça no colo Dele. Fique aí, quietinha, sentindo esse calor. Diga:
— Ah, Deus, estou largando tudo nas Suas mãos. Estou cansada. Pensei que estava fazendo as coisas certas, mas não estou. Também não faz mal. Não interessa. A vida é uma experiência, não é Deus? E Você está aqui agora, me guiando, me aquecendo, me fazendo a Sua companhia. Eu quase consigo vê-Lo com meus olhos, de tão real que é a Sua presença. Estou tão viciada a ver com os olhos da carne, que esqueci que tenho os olhos da alma para enxergar.
Deus a gente só vê com os olhos da alma. Só sente Deus com a pele do espírito, não com a pele física. Só escuta Deus com os ouvidos da nossa alma, não com os ouvidos da carne. A gente percebe que também é um ser espiritual, com sentidos espirituais. Pois há os sentidos físicos e os espirituais. Os sentidos espirituais é que escutam o grande Maestro da vida. Foi Deus que a fez. Você é um pedaço Dele, como Ele poderia não querê-la bem? Claro que, às vezes, você pensou que Ele iria fazer certas coisas que não fez, Ele não é seu empregado. Mas não importa, Ele está aqui e tem cumprido a função Dele,

porque você está viva e cheia de talentos e oportunidades que Ele está neste instante lhe concedendo.

Minha filha, então, tenha fé. Nele, você vai sentir alegria. Toda vez que você está alegre, aberta, leve, é porque está morando no colo Dele. Aliás, o único lugar seguro para a gente morar com o nosso coração é no colo de Deus. É ali que a gente vai ficar. Não é consolo, não. É mais que consolo, é comunhão. É abrir a corrente da prosperidade na nossa vida, a corrente do amor, do dinheiro, da família, dos negócios, da carreira, da inteligência, da lucidez, da saúde. Tudo está ali. Tudo começa Nele. Deus é uma grande tomada, uma grande fonte. Então, fique ali. Não tem lugar melhor para você ficar!

Se você quer ficar perto de alguém, vá para o colo de Deus. Lá estão todas as pessoas. Também só vale a pena quem está ali naquele colo, porque quem está fora dali é porque está muito doente. É só na luz de Deus que a gente se sente saudável, feliz e forte. Quando a gente diminui a intensidade dessa luz dentro de nós, fica muito fraco, muito ruim mesmo. Vai ver que a sua luz anda meio apagada. Você anda meio ruim, cheia de atropelo na vida, cheia de pensamentos enegrecidos, apagada. Que coisa feia!

Vamos acender essa luz, perdoe, lave o seu coração. Você tem muito o que aprender sobre a vida, antes de falar mal dela. Se você não foi satisfeita nas suas ilusões, vai ver que não era bom mesmo para você.

Renda-se, minha filha,
senão você não vai
render nada na vida.

Não tem coisa melhor do que viver dessa força interior, dessa força divina. É disso que vivem os grandes, que vivem os pequenos. Todos nós vivemos disso.

Por que será que a formiga consegue carregar um pedaço de folha que é pelo menos dez vezes maior que o corpo dela? Porque ela vive em Deus e Ele carrega para ela. A folha, então, não pesa. Que coisa, não? Por que você carrega os fardos da preocupação, os problemas dos seus familiares? Por que carrega isso tudo? Por que não deixa esse fardo para Deus carregar? Vai ver como você vai se sentir leve, se Deus carregar. Divida com Ele. Deus está aí para isso. Evoque Deus mentalmente. Coloque os fardos todos na mão Dele. Espere vir a inspiração que Ele lhe dá para seguir o caminho. Confie na presença Dele e vai ver como ela se faz. A presença de Deus se faz em qualquer um, porque está aí na natureza.

Isso não foi inventado pelos homens, nem pelas religiões. Existia muito antes de os homens pensarem em religião, em sacerdote, em livro sagrado, em todas essas coisas que o homem criou. Isso sempre existiu na humanidade e vai existir pelos séculos e séculos afora, mesmo que o homem mude a sua visão de Deus. Vai continuar existindo porque é uma realidade, não orgânica, mas espiritual. O orgânico é mutável, mas o espiritual é sempre perene, forte, eterno.

...o destino é modificável

Tem muita gente com culpa neste mundo. A culpa é um dos piores problemas, pois a pessoa fez coisas em vidas passadas e depois fica com culpa. E com tanta culpa que acha que só vai se livrar depois que sofrer algo igual. Acaba gerando retornos verdadeiramente agressivos.

— Ah, é o carma — dizem as pessoas.

Olha, minha gente, se existe o carma, é você quem fez. Você nem se perdoa, nem perdoa os outros. E quando não perdoa, estimula a agressão, tanto a autoagressão como a agressão dos outros. Acaba gerando situações na vida propícias às agressões tais como doenças e acidentes.

Portanto, se quer se ver livre das desgraceiras, você precisa acabar com a culpa, parar de ser arrogante, parar de querer ser maravilhoso e perfeito e aceitar os seus erros com humildade.

O orgulhoso não aceita erro. Para ele, erro é fracasso e é humilhação. O que é fracasso? É nossa insistência em ser orgulhoso e em não reconhecer os próprios erros. Você então judia de si, é violento, já quer se destruir porque fez algum erro, quer destruir os outros por meio da crítica e da violência. Vai plantando e, um dia, você colhe. Vai estimulando e, um dia, acaba gerando isso na sua vida. Acha que é inocente, mas não tem ninguém inocente.

Se você acha que está boa, que está salva na sua casa, não está, não. Infelizmente, ninguém está. A menos que você esteja limpa de coração. Então, vá lá dentro, no seu coração, pergunte com o que você anda sentida, com quem anda ressentida. Se precisar tomar alguma providência tome, mas perdoe. Tire a raiva do meio. Tire a revolta do meio. Se tem algo contra as bobagens que você já fez, tire.

Trate as coisas com inteligência, com boa vontade, com tolerância, com firmeza no que você precisa remodelar. Mas limpe a sua alma, porque não adianta ir para Deus e pedir ajuda se você não estiver limpa por dentro. Foi Jesus quem disse: não adianta ficar rezando a Deus, ficar pedindo, se vocês estão cheios de pecados.

Vocês pensam que limpar pecado é o quê? É parar com a agressividade e dar passagem à sua inteligência e à sua bondade para resolver as questões. Ninguém está fugindo das questões, mas nós estamos mudando o jeito de lidar com elas. Se você não mudar, então, vai provocar o seu destino. Compete a você. Deus não vai interferir; nem Jesus nem Maria Santíssima vão interferir. Você tem um compromisso: é diante de si, não do próximo, de fazer essa restauração interior.

...o inocente é sempre protegido

O povo gosta de se queixar de coitado e de vir chorando pedir socorro. Primeiro, apronta as confusões; depois, vem se queixar e chamar a gente.
Uai, às vezes a gente vai mesmo para ver como é. E, muitas vezes, sai de braços cruzados: eu, hein? Me meter nessa confusão? Deixa o povo passar as consequências pelo que fez para ver se, da próxima vez, aprende a fazer diferente. Não adianta tirar do povo as consequências. Pois ele só vai ficar ainda mais mimado.
— Ah, não recebi nenhuma ajuda. Também não tenho mais fé — o povo ainda reclama.
Fica zangado com a gente, fica bravo com Deus, fica nervoso porque é burro. Só burro fica nervoso, porque não quer usar a inteligência. Pois quando você é inocente, a natureza protege. Inocente é protegido. As coisas que você não sabe, Deus faz. Agora, se já sabe, se tem a faca e o queijo na mão e não faz, então é porque é burro. Aí, Deus não dá nem confiança. E também não deixa a gente ajudar, pelo menos os espíritos tarefeiros como eu, que têm que procurar seguir o caminho da moral cósmica.
— Não pode, não! Tem que deixar quebrar a cabeça para ver se aprende. Calunga, não vá mimar fulano, nem sicrano — dizem os mentores.
É verdade, minha gente. A natureza é assim. Paciência!

… *o controle tem sua arte*

Você precisa aprender a selecionar para usar melhor o seu poder de controle. Controlar é fundamental. Se quero escrever, preciso controlar os braços, a cabeça, os dedos, a caneta na mão. Se quero dirigir, preciso controlar a direção, as marchas, os pedais, não é verdade? Se quero falar, preciso controlar a boca. E, assim por diante, o controle tem hora, tem lugar, tem medida, tem regras e tem sua arte. Tem, sim.

Inegavelmente, todo mundo é controlador. Mas não sei se você é bom controlador, porque precisa ser bom. Quero dizer bom para atrair o bem, através do controle, e não para atrair o mal, as coisas ruins. Quando digo mau controlador, significa que a pessoa está fazendo coisas que atraem o mal, como, por exemplo, controlar o pensamento e a atitude dos outros em volta.

Será que você controla bem? Provavelmente não. Mas a gente quer controlar os outros. Também quando a gente é assim é porque aceita o controle do outro. E o resultado é briga, encrenca lascada. Você fica nervoso, bravo, porque não pode controlar o outro. E quando vê que não consegue controlar, fica frustrado e ataca a pessoa. Ela, a mesma coisa. Se você assumir o controle dos outros, isso vai virar expectativa para você. Vai virar carga, peso e vai atrapalhar o caminho da sua alma. Vai secar o seu perfume, murchar o seu vigor, porque Deus deu a cada um a capacidade de fazer por si. A gente troca, mas não quer dizer que possa ser o outro.

A gente precisa saber bem onde vai pôr o controle. Olhe lá, hein? Vocês querem controlar o marido, o que ele pensa, até a vida erótica do marido. Mulher adora controlar, que é uma coisa! O homem também quer controlar a vida erótica da mulher. Quero ver você controlar o sonho dela. Quero ver você controlar os pensamentos dela. Com aquela cara dissimulada, ela o engana, porque você é para ser enganado, homem de Deus!

Você não percebe que ninguém controla ninguém, que cada um é que decide o que fazer da própria sexualidade, do próprio erotismo e das próprias fantasias? Não percebe que cada um está em si, que o casamento, que a entrega é um presente? Você se esquece disso e arruína o relacionamento afetivo, porque esquece que deitar-se com você na cama é um presente que a pessoa lhe dá? E dá à outra porque quer dar, entendeu? Se ela está junto é porque quer e dá o quanto quer.

Não adianta você ficar em cima, vigiando, controlando, afogando a alma da sua esposa para depois ela ficar numa encruzilhada: ou ela morre, porque o perfume dela secou e você também fica com raiva por ela não ter mais perfume; ou ela tem que largá-lo, porque não o aguenta mais, homem do cão! As mulheres também, principalmente as possessivas, que querem controlar o erotismo, o pensamento dos homens, a felicidade dos homens, a amizade dos homens. Tudo, elas querem controlar. Ó demônio, você não percebe que é uma frustrada, uma sofredora, porque não quer equilibrar o seu poder de controle?

Tudo isso é mentira, tudo ilusão, minha filha. Caia na realidade. Ninguém pode controlar o outro. Assim, você está matando tudo o que há de bom, tudo o que é espontâneo, tudo o que é possível.

— Ah, porque eu tenho medo de perder...

165

Quem tem medo de perder é porque quer agarrar feito carrapato, ó diabo! Só queimando mesmo o rabo para você sair que nem se faz com o carrapato. Você vai morrer da sua própria indisciplina, se queimar no próprio fogo. Olhe o inferno em que você vive, mulher. Olhe você, homem. Perturbado por causa da mulher; e ela, perturbada por causa do marido.

Minha filha, não pode. Precisa pôr disciplina interior. O que é isso? Quer grudar porque quer grudar. Que forma de amor é essa, que tira a liberdade, a alma da pessoa, que tira o perfume do outro? Eu, hein?!! Para ficar dois defuntos juntos dentro de casa? É isso o que vocês ficaram?

Tanto rancor, minha gente. O que é isso? Vocês estão juntos para o amor, não estão juntos para o rancor. Vamos conceder na generosidade, vamos respeitar o direito do outro. O erotismo do outro é do outro, o sentimento do outro é do outro, a cabeça do outro é do outro. Largue, pare de cobrar, pare de agarrar. Vá para dentro de você e não exija do próximo. O que você quer exigir do próximo tem que exigir de Deus. É a única pessoa a que você pode se apegar. Já falei: agarre em Deus! Agarre na sabedoria do Universo, na fonte interior. Aí, sim, você vai se sentir seguro. Pois a fonte interior jamais o abandona. É você que a abandona. Mas se não abandoná-la, ela estará sempre, eternamente, com você, suprindo as suas necessidades. Todas as suas necessidades serão preenchidas graças a essa fonte.

Não agarre no povo, menina. Não agarre em filho, emprego, casa, carro. Não agarre em nada. Usufrua, cuide, zele. Claro, está ali, está lhe dando alguma coisa. Mas não tenha medo, pois onde houver medo tem agarramento, tem ilusão. Quem dá é Deus. Um bom homem especial para você, bons clientes em seus negócios, chances de sucesso na vida, pessoas que te queiram de verdade, ajudantes competentes, amigos valiosos, tudo é Deus quem dá quando você se dá a Deus. Agarre na fonte. Agarre em Deus. Segure firme!

...quando chegar a hora, vem

A nossa vaidade quer muita coisa que não está na hora. Quando é hora vem, como acontece com os dentes, com a barba. Chega a hora, vem. A gente não precisa se preocupar. A evolução faz aparecer no momento certo.

O importante é você ser só você. E aprender a ficar feliz com o seu universo de possibilidades atuais. O que é impossível no momento não carece a gente procurar. Vai vir quando chegar a hora. É melhor aceitar e louvar a vida com o que você tem. Se você não tem agora, tudo bem. É porque não chegou a hora. É melhor pensar:

— Em compensação, a vida me oferece tantas outras coisas agora. Vou abraçar o que a vida me oferece e vou esquecer o resto.

Uai, quando chegar a hora, vem. Tudo chega na hora certa. Acalme-se. Não se inquiete por algo que não está na hora. Não force você. Não fique querendo o que não está aqui. Aproveite o que você tem, as pessoas que você tem, o trabalho que tem. Viva plenamente, porque tudo passa. Não queira o que não está na sua vida. Não está? É porque não é para estar.

167

O povo, às vezes, quer o que não tem. Por que você quer o que não tem? Já aproveitou tudo? Já gastou tudo o que você tem para querer algo novo? Ah, não? Então por que quer? Está fugindo de quê? De alguma verdade que não quer aproveitar no dia a dia? Está fugindo de algum gozo, de algum prazer? Você não está vivendo bem com o que já conquistou, com o que a vida lhe trouxe por meio do seu desempenho? Então, por que esse negócio de procurar o que não tem?

Por que, minha filha, você quer o que não é seu, o que não é para você agora? A vida lhe traz um dia o que é seu. Aquilo vem e você usufrui daquilo. Lembre-se de que o que você tem hoje foi o desejo de ontem. Hoje é, portanto, o momento de satisfazer e de curtir esses desejos. Amanhã é o deus-dará.

Não tem outra conversa. Ou você aproveita bem o de hoje ou vai passar. E quando passar, não tem mais choradeira. Não adianta você fingir que não está arrependida porque está, porque não viveu com intensidade. Aí, só acumula coisas para o futuro, perturbando mais o seu presente.

...caridade é a disposição para o bem

A vida é uma chance constante. A cada momento, há uma nova chance de poder voltar atrás no que se fez de errado e fazer de novo, de poder aprender coisas novas e resolver antigas questões. Mas a coisa melhor da vida é saber usar o breque. Você sabe usar o breque? Brecar é bom, pois não dá para a gente sair por aí sem breque.

As coisas vão ficando automáticas e a gente vai falando, pensando, sentindo sempre igual. Vive assim uma vida cheia de impulsos que a gente mesmo criou. Por isso, precisa aprender a brecar para mudar de direção, de sentido, para mudar de pensamento, de sentimento, de atitude e de ação. Pois só assim a gente pode melhorar a qualidade da nossa vida.

Cada um está na sua direção. Mas precisa aprender a prestar atenção no tráfego da vida, porque senão você ainda vai trombar muito. O povo, no entanto, não quer prestar atenção: "Ah, porque sou assim mesmo", e mete a cara. Depois, fica trombando daqui, trombando dali, porque fica com raiva do mundo. Tem gente, porém, que não pára para ver como quer dirigir o próprio carro, dirigir as próprias decisões, o que quer escolher para pensar, o que quer escolher para fazer, com que sentimentos quer continuar determinada coisa, como quer se dar com as pessoas. O povo gosta de arrumar encrenca, é muito assim:

— Ah, se essa pessoa me aprontar uma, faço logo duas. Se fez uma comigo, acabou, porque eu não tolero...

Começa logo a trombar porque, na verdade, não quer tolerar o companheiro, não quer entender a loucura dos outros. Com isso, está sempre trombando de cá, trombando de lá, acabando com machucado, doente, na mesa de cirurgia. Arranca pedaço de cá, arranca de lá, porque a pessoa é da encrenca. E quem é da encrenca está sempre com problema, sempre com encrenca. Por isso, a gente precisa aprender a brecar e a dizer:

— Não, não adianta encrencar com o povo. O ser humano é o ser humano. Tem gente de todo jeito e de todo tipo. Sou eu que tenho que aprender a dirigir o carro da minha vida no meio desse povo. Sou eu que tenho que aprender a desenvolver qualidades para ter jeito de lidar com as coisas, se é que eu quero a paz; se é que eu quero viver uma vida sem ser enganado, sem me machucar, sem machucar o outro; se é que eu quero viver com a verdadeira sabedoria e não só com a esperteza.

Mas, para isso, você precisa aprender a brecar:

— Espera aí. Não é assim. O povo é como é. Não adianta.

— Ah, não tolero mentira, Calunga.

— Uai, minha filha, precisa tolerar, porque o povo mente mesmo. O povo tem medo de dizer a verdade, é covarde. Ele se sente inferior, então mente para parecer superior. Isso é do mundo, minha gente. Não acaba assim do dia para a noite, porque se nós pudéssemos já tínhamos tirado tudo isso do mundo, mas não dá.

O povo ainda experimenta a loucura de não querer dirigir a própria mente. Ele deixa todo mundo dirigir o tráfego da vida dele, a escola, os pais, os outros todos, sem fazer uma seleção:

— Não quero mais essas coisas. Não quero mais pensar assim. Quero limpar isso, quero limpar aquilo e fazer a vida melhor para mim.

Qualquer um pode fazer isso. Pode e até deve, porque a vida está sempre exigindo que a gente se atualize, que se modernize, não nas modas. Modernizado quer dizer uma pessoa que vive o momento com toda a sua inteligência, procurando o bom, o novo, que vai aprendendo e melhorando. Mas vocês gostam de fazer drama:
— Ah, Calunga, porque eu fiz muito esforço para melhorar, porque lutei muito...
Vocês é que são dramáticos demais.

Não é verdade que precisa fazer esforço, porque a gente muda a hora que quiser e, quando quer, muda com a maior facilidade.

Minha gente, então, precisa aprender a usar o breque. Brecar não é ficar engolindo tudo goela abaixo, porque isso também não é bom. Significa aprender a fazer as coisas com jeito, aprender a se expressar com sinceridade, aprender a lidar com o povo. Mas vocês não têm boa vontade com ninguém. Gostam de bajular, de passar a mão na cabeça para fazer carinho, essas coisas meladas demais. Pensam que isso é ser bom? Isso é nadinha, é coisinha.
Bom de verdade é aquele que sabe lidar com o povo. Esse que é bom. Bom não é o que fica dando pão para pobre, que fica fazendo caridade para cima e para baixo, alimentando o povo na miséria. Isso não é bondade. Isso aí as pessoas fazem por sentimento de culpa. De medo de sentir culpa, ficam fazendo essa caridade.

171

Caridade de verdade, de verdade verdadeira, é aquela coisa de aprender a lidar com o povo. Você sabe lidar bem com o povo de casa? Sabe entender todo mundo, a toda hora? Tem paciência? Tem boa vontade com eles para entender o limite de cada um, a ignorância de cada um, o medo de cada um, os complexos de inferioridade? Dá para você entender e aprender a lidar com isso? Você é uma pessoa hábil? Se você não é, minha filha, então não é caridosa. É caridosa só da boca para fora:

— Ai, que pena desse. Ai, que pena daquele...

Esse negócio aí é hipocrisia. É uma coisinha, não uma coisona de verdade. Depois, você passa o resto do tempo implicando com esse, implicando com aquele. Não quer conversar com fulana porque você está magoada. Não quer mexer com sicrano porque é perigoso. Vixe, meu Deus! É uma inabilidade para lidar com o próximo que é uma vergonha! Então, minha filha, que caridade é essa? Isso é só para se ver no dia de Natal? E o resto do ano, como é que faz, hein, meu filho? Você é aquela pessoa ruim, que tem medo dos outros, que trata os outros com indiferença, que critica, xinga e fala mal? Então, pare com essa vergonha de caridade no Natal, porque isso é feio até demais. É muito hipócrita.

— Ah, Calunga, pelo menos no Natal a gente faz alguma coisa boa para alguém.

— Você pensa que engana quem? Só se for a sua vaidade, pois a vida você não engana, não engana Deus. Está na dívida porque está adiando as oportunidades de aprender a viver melhor. Cada pessoa da família que é encrenqueira está ali para você aprender a lidar e a não ser encrenqueira também.

— Ah, porque a minha sogra é metida. É ciumenta, é ruim...

— Está ali na sua vida para você aprender a lidar.

— Ah, porque a minha cunhada é metida. Faz aquela pose, porque é enxerida. Parece que tem o rei na barriga.

— Está ali para você aprender a lidar.

— Ah, porque meu marido quer isso, eu não quero. Ele é um chato, me amola...

— Está ali para você aprender a lidar. Minha filha, largue de ser implicante, largue de ser encrenqueira, porque a vida que você atraiu é essa. E você não vai querer acabar uma perdedora. Me conte se você tem cara de quem quer perder? Então, se você tem um pouco de decência na cara, faça o favor de aquietar, de puxar o breque e começar a refletir:

— Ah, já que vou ter que conviver com ele mesmo, então, vou aprender a levá-lo no bico. Vou aprender a conversar com esse homem, porque também não vou ficar assim feito boba. Tudo é gente! Por que ele não pode gostar de mim? Por que não posso me dar bem com ele? Uai, qualquer pessoa, por pior que seja, tem sempre alguém de quem ela gosta e a quem ela respeita.

Então, você vai melhorar um pouco a sua energia para os outros a tratarem bem. Comece daí.

— É mesmo. Sou muito ruim, implicante. Estou querendo ser marruda, ser fortona, ser fortão. Arrumo encrenca por qualquer coisinha. Implico em casa com os filhos, com a esposa.

Uma coisinha que não está boa na comida, o marido já fala mal. Que coisa feia esses homens enjoados. Meu filho, caridade a gente faz o dia inteiro, o ano todo. Não só porque a gente quer ser bom para os outros, mas porque quer viver no reino do amor, da paz. A gente quer viver na luz para ter prosperidade não apenas por fora, mas prosperidade por dentro. A gente quer felicidade, quer tranquilidade mental, quer tranquilidade na saúde. A gente quer uma vida boa. Mas se vocês continuam na rebeldia, não merecem vida boa. Não adianta ficar na queixa. Vocês não são flor que se cheire, por que querem viver no perfume, se vocês estão assim?

Se você quer uma vida melhor, comece a usar o breque. É, minha filha, não tem jeito de ficar nas rezas, nas preces e nas caridades de dar coisinha para pobre, se você continua o mesmo angu encruado. Não dá, não, minha filha! Amor, a gente tem que ter primeiro pela gente. É preciso pensar que eu posso me amar e viver para fazer o melhor. O melhor é eu aprender a desenvolver os meus

173

talentos, o meu charme, meu jeito de lidar com esse povo, porque não vou fugir mesmo. Saio dessa família, caio em outra igual. Não adianta, porque a vida coloca na sua frente tudo aquilo que você precisa: gente igualzinha a você, implicante, fedida, esnobe, gente ruim também, crítica, gente que vai ficar ali como pedra no seu sapato, incomodando, incomodando até você não poder andar direito. Se está na sua frente é porque você merece, então abaixe as orelhas, puxe o breque e mude de situação. Comece mudando por dentro de você:

— Não vou encrencar com esse menino hoje.

Você fica o dia inteiro encrencando com o menino. Ele não pode nem encostar, nem sentar, que você já está encrencando. Que inferno! Poupe-se, minha filha. Você também, companheiro. Se a comida não está boa, vá comprar no restaurante e leve para casa. Pare de amolar os outros.

O lar é sagrado, é um templo onde a gente tem que exercer o poder da intimidade, do carinho verdadeiro, do verdadeiro sentimento de amor. Eu sei que é difícil. Eu sei que tem empecilhos, que tem gente com problema, com mágoa no coração, sem vontade de cooperar, revoltada, pessoa difícil, encrenqueira. Eu não estou pedindo para você ser uma mártir. Não estou pedindo para você ser um herói. Não é isso. Eu sei que a vida tem muitos desafios no cotidiano. Não estou ignorando a verdade de cada dia, mas sei também que você tem a capacidade de mudar, de espalhar no seu lar uma outra energia e, com tempo e com paciência, semear no seu solo uma semente de frutos muito mais substanciosos.

Precisa parar e brecar, minha filha, porque a vida não lhe trouxe esse mundo que você tem de graça. Ninguém está querendo judiar de você, mas você precisa, no exercício do dia a dia, melhorar. A caridade é a vontade do bem. Não importa em que situação, seja diante da lei, seja diante do vizinho, seja diante do feirante, do seu trabalho, de si próprio, há sempre o desejo do melhor.

*O melhor é relativo
à capacidade de cada um,
pois cada um faz
o melhor que sabe.
Mas o melhor pode
crescer com a boa vontade.*

Caridade é a disposição da boa vontade. Se você tem boa vontade com a vida, então é considerado um ser caridoso. O que é um ser caridoso? É aquele que tem a luz no coração, que está semeando o bem, que está fazendo este planeta melhorar a cada dia com a sua colaboração, por menor que seja. É a pessoa que usufrui de uma felicidade interior, de um contentamento diário, de uma alegria diária. É o indivíduo que tem o peito aberto, gostoso, os olhos claros para ver a verdade, os ouvidos bem abertos para escutar todas as coisas e aprender de tudo. Uma pessoa que purifica o seu pensamento, que faz o melhor com inteligência. Precisa puxar pela cabeça, mas não é para ser bobo. Falei para ser bom. Isso que é caridade.

É tudo o que é feito com a disposição do bem, sem querer encrencar, sem querer dizer as verdades na cara do outro, o que vocês logo querem fazer. Mas não dizem na cara porque são covardes, falam pelas costas. Isso é baixaria, coisa de gente de baixo astral. Vocês têm de melhorar o padrão para atrair na vida o melhor, atrair uma melhor oportunidade de serviço, atrair companhias boas encarnadas e desencarnadas, atrair energia do ambiente saudável para o seu negócio, para a sua família, para quem você ama e quer ajudar, para a sua casa, para as máquinas. Pois tudo se quebra nas suas mãos. Fica velho logo,

175

arrebenta. Parece que seu dinheiro some, você ganha, ganha e não dá para nada. Tudo fica miúdo, pobre, mesquinho. Por que você está mesquinho?
— Ah, sabe o que é? É a crise.
Não é, não! O povo anda muito mesquinho, ganancioso. Então vai cair mesmo, porque não se pode viver de ilusão. A gente tem que aprender a viver com mais simplicidade no coração para não ser tão ganancioso e para ter a disposição do bem. Se você trabalha, meu filho, o bem é também para o seu cliente. Quando você paga, pague sem choro, sem dor. Faça de boa vontade, que vai ver como as coisas ficam sólidas na sua vida: seu serviço rende, o seu dinheiro aumenta, sua casa se conserva, seu filho fica calmo, as pessoas vêm sempre dar uma cooperação, porque você atrai cooperação. Nós precisamos de muita ajuda na vida, porque ninguém vive sem ajuda, sem o concurso de um vizinho, de uma empregada, de um ajudante. A vida solitária não existe, a não ser que você vá viver no meio do mato, que nem bicho. Se você quer viver em sociedade, tudo é troca, tudo é ajuda. É a lei da cooperação.

Você que tem negócio, meu filho, não adianta pensar em competição, em preços competitivos. Tudo isso é besteira. A nossa energia tem que ser de alegria nos negócios para que as pessoas se liguem no coração e para que prefiram fazer negócio com você porque a sua energia é boa. Ninguém vai fazer negócio se a sua energia não for boa, se você for encrenqueiro. Vai todo mundo embora. E você vai morrer na miséria, na mesquinhez. Vamos abrir, portanto, a consciência. Em qualquer canto da vida, a caridade entra em primeira mão. Para prosperar, é preciso ter essa luz.

O homem pode até ser mesquinho em casa, não dar esmola para pobre. Os negócios dele, no entanto, vão para a frente, prosperam. É porque ele tem a luz no coração quando vai fazer algum negócio. É uma pessoa generosa, que não vive na ganância. Tem uma clientela grande, porque ele pensa também na vantagem do companheiro que está fazendo negócio com ele. Não engana ninguém. Sabe que se enganar só engana meia dúzia, porque logo acabam descobrindo que é um salafrário e ninguém mais quer comprar dele.

É preciso tratar bem a clientela e fazê-la feliz. Se não tiver caridade, boa vontade, bom sentimento, o negócio não vai para a frente. Quem é negociante por conta própria tem amor pelo que faz. O sucesso do negociante não se mede apenas pelo dinheiro ganho, mas pela clientela que gosta dele, pela energia boa em volta dele, pelo crédito que ele conquistou na praça, pela energia que ele conseguiu movimentar progressivamente. É isso que faz o sucesso do comerciante.

Sem amor e boa vontade, ninguém vai para a frente. Veja os seus filhos. Vocês ficam cobrindo de presentes, mas nunca perguntam o que o seu filho sente. Nunca teve boa vontade com o sentimento dele, nunca o tratou com respeito. Fica bajulando com presentes e depois enche a paciência da criança. Ah, minha gente, isso não é a verdadeira caridade. Não quer dizer que o presente não seja um carinho bom, se tem coração por trás. Se tem verdadeiro amor e boa vontade, um presente cai muito bem. Mas é coisa pequena, pois o que o povo precisa é muito mais que um presentinho. É de cooperação o ano inteiro, é verdadeiramente a amizade, a compreensão, a boa vontade para com as fraquezas do ser humano.

Se você não pode ter isso, não pode nem conviver nesse mundo. Tem que ir lá para o mato, viver como um ermitão, porque você só arruma confusão por aqui. Você está sendo uma pedra no sapato dos outros, um empecilho para o sucesso social. Você que é preguiçoso, que não quer trabalhar e não quer ter boa vontade, é pobre de espírito, pobre de tudo. É um entrave para a sociedade que precisa de gente progressista, com muita boa vontade para crescer. O que precisa esse Brasil? Boa vontade, minha gente!

Caridade social não é ficar dando comida para pobre. É acordar a consciência dessas pessoas para produzir, para trabalhar com boa vontade, para crescer. Vocês ficam querendo dar tudo para pobre. Que coisa para pobre, nada! Pobre precisa de estímulo. Ô meu filho, vamos trabalhar, vamos fazer. Você não quer, meu filho? Então, vocês vão todos morar no mato, feito índio. Vocês vão comer do que apanharem, do que pegarem no rio e não vão ficar aqui na sociedade, amolando quem quer ir para a frente.

A gente precisa ter essa conversa que vocês acham que é dura, mas não é não. A sociedade precisa oferecer escola, treinamento para essas pessoas, ajuda para aqueles que querem ser ajudados.

Agora, ficar dando tudo de graça?
Isso está errado.
Não é caridade, não!
Caridade é promoção do ser humano.

Precisamos promover as pessoas para uma categoria melhor. Que vergonha esse povo todo miserável na fila para pegar uns quilos de comida! Que vergonha para o país esse povo na miséria! Mas é o espírito da pessoa que está ali, incomodado, porque não quer aproveitar a chance. Precisa de boa vontade e de esforço para consigo próprio.

A sociedade dá muitas chances. O povo é bom e sempre se encontra tolerância e uma mão que queira ajudar. Esses espíritos ficam todos na moleza e o povo endossa na hipocrisia de dar para os pobres. Tem que ensinar os pobres a conseguir por si, a se estimular. Tem que dizer:

— Olhe aqui, você tem capacidade e não precisa ficar nessa vergonha de pedir as coisas, de pegar uns quilinhos aqui, um brinquedinho ali. Que coisa mais feia! Você é um ser humano, um homem com capacidade. Vamos fazer uma força, vamos aprender um ofício, vamos andar.

Se a sociedade toda falasse assim, essa gente acabaria com essa ignorância, mas o povo endossa. A gente não pode endossar. Ao contrário, tem que dizer:

— Vamos para o serviço, vamos trabalhar. Há muita coisa para se fazer neste mundo.

O povo, porém, é acomodado. Às vezes, nem é pobre. Às vezes, foi uma pessoa estudada, até bem amparada.

— Ah, estou dezoito meses desempregado, Calunga.
— Quanto?
— Dezoito.
— Pouca vergonha, que sem-vergonhice! Por que não inventou algum serviço com tanta coisa para fazer?

O povo é acomodado, quer emprego. Não quer arrumar serviço. É falta de amor. A vida assim mesmo dá milhões de chances a cada momento. Às vezes, você tem chance, mas fica com má vontade. Quem vai querer contratar você? Mas o povo não gosta de olhar isso. É rebelde:

— Ah, não, eu sou bom. Os outros é que são ruins. O patrão que é ruim.

— O que é isso, minha gente? É mais fácil pôr a culpa no mundo para não ter que olhar os seus problemas. Isso é falta de caridade. Você é encrenqueiro. Vai ficar na encrenca, na miséria, no sofrimento, na dor e na dificuldade. É muito triste ver uma pessoa assim, às vezes até com muito talento desenvolvido. Tem também aquele miserável que nunca fez nada por si. Tem menos talento desenvolvido e dá trabalho para a sociedade ensiná-lo a ler, a aprender uma profissão, mas a sociedade tem a responsabilidade de cutucá-lo para ir para a frente. Há ainda aquele que já está formado, mas fica com a cabeça no desânimo. Que falta de caridade para com a vida!

A boa vontade para com a vida é a caridade, é a busca do bem. A fé serve para melhorar a vida no cotidiano, porque senão fé nenhuma teria sentido. Mas como é o seu dia a dia, hein, companheiro? É isso o que eu quero saber, porque é no vamos-ver da coisa que você mostra o seu valor, a sua força e a sua verdade, que acende a sua luz, a luz da caridade.

A luz da caridade é a boa vontade a cada momento.

...todo mundo é gente

Há tanta coisa para experimentar e, assim, vamos perdendo o medo de viver. Vamos ganhando terreno dentro de nós, nos abrindo, sentindo que há tanto para se fazer. É tão bom quando a gente perde o medo dos outros, porque ninguém é perigoso. A gente vê que a pessoa pode ser relativamente perigosa, no sentido de não ser muito evoluída, de não ter uma moral muito esmerada, de ser capaz de fazer alguma coisa de que a gente não vá gostar. Mas, fora isso, todo mundo é gente.

Chegando com jeito, todo mundo responde bem. Se você já chega com medo, não pode passar outra energia senão a de medo mesmo. Agora, se você já chega com confiança em si, mas atento para ver bem como é o jeito da pessoa, e se chega com o coração aberto, bem bom, então o que acontece? As pessoas sentem a energia, a confiança e respondem positivamente.

Tudo depende de como a gente puxa, de fora, o lado bom das pessoas. O que não significa que você vá deixar de ver que a pessoa pode ser belicosa, que pode ser um pouco nervosa, primitiva, mal-educada. Mas a gente já vai chegando sem medo de nada disso.

Eu não tenho medo de má educação nem de cara feia. Não tenho medo nem de resmungo, nem de pancudo fardado, nem de assassino ou de homem com revólver na mão. Não tenho medo de nada. O que é isso, minha gente? É tudo bobagem da cabeça. Vocês ficam acreditando na encenação que as pessoas fazem. O que é esse pessoal que veste farda, que tem cara de político? É tudo gente.

— Ah, porque é um artista famoso.

É tudo igual. Vocês ficam na ilusão dos personagens que as pessoas fazem.

— Ah, porque ele é um médico.

Tudo isso é personagem. Todo mundo é gente. E se você não perceber que todo mundo é gente, vai se decepcionar.

— Aquele lá é o pastor, é um homem santo.

Mentira, minha gente. Tudo é gente.

— Mas aquele lá é um desgraçado.

— Não, minha filha, ele é gente como você.

— Ah, mas é um filho da mãe...

— É, mas é gente.

Você não pode ter medo de nada nem desfazer ninguém. Claro que não vai fazer tudo o que os outros querem. A gente também não pode fazer isso, nem vai deixar de impor respeito. Agora desfazer, minha gente? Por que vocês desfazem uns dos outros? Por acaso Deus lhe deu menos vida do que deu ao outro ou mais? Não, Deus deu vida a todo mundo. Claro que se eu perguntar: "Você acha que todo mundo é igual?", vai me responder: "Ah, Calunga, claro, todo mundo é filho de Deus. É igual".

Da boca para fora, porque lá dentro você não é assim. É cheio de preconceitos. Se é pobre, mal vestido, você trata de um jeito. Se é rico, cheiroso, você já trata de outro. Se é branco, é de um jeito; se é preto, é de outro. Uai, não venha me dizer que não estou vendo vocês, porque estou. São vocês que não querem ver que fazem as diferenças, sem perceber que tudo é gente.

Se você não conseguir perceber que tudo é gente comum, você nunca vai entender o espírito das pessoas. Não

182

vai poder se comunicar, atingindo o espírito. Quando a gente se comunica e atinge a alma das pessoas, elas são maravilhosas. Elas abrem o coração, elas se põem de boa vontade, se tornam cooperativas, respeitosas. E não precisa ficar adulando. Não é isso, não.

— Ah, você que é maravilhoso, Calunga.

— Não precisa disso, não! Muito obrigado pela sua admiração. Mas eu não preciso disso. Talvez você precise admirar alguém e achar que o outro é muito grandão. Eu não preciso desses elogios. Não preciso de nada disso. Claro que você tem a liberdade de dizer o que quiser e eu respeito. Não estou criticando, mas eu não preciso de elogio. Sou uma pessoa comum, como qualquer outra e não vou me perder por um elogio. Meu plano é outro, diferente do de vocês, mas estou aqui na minha luta, na minha peleja. Agora, todo mundo é gente.

Estou dizendo isso não é para me promover. Estou falando porque quero que vocês aprendam a se promover de verdade, que aprendam a ir além das aparências para tocar o coração e ter uma comunicação verdadeira com as pessoas. Não podemos estar com tantas pedras assim nas mãos, estar com tanta defesa contra o povo.

Eu sei, minha filha, que tem gente chata. Tem, sim, gente muito chata que parece cheia de viscosidade, gente que quer ser afetiva e terna forçadamente, mas é uma pessoa medrosa, que não tem coragem de ser ela mesma e se esconde dos outros. Por que se esconder? Porque ela mesma se desfaz, se rejeita, se desapercia, se despromove e se desqualifica. Procura fazer o que ela acredita que vá lhe dar alguma promoção diante dos outros.

A verdade é que ninguém ama o que é falso. Todo mundo quer o verdadeiro. O ser humano reconhece isso na energia e despreza, portanto, aqueles que não têm a coragem de ser eles mesmos. Você só ganha a confiança do outro se estiver realmente confiante em si, apreciador da natureza em si, se amar e honrar Deus em si mesmo, se respeitar suas condições sexuais, suas condições emocionais, se honrar a sua experiência e até o seu erro.

*Honre-se no próprio erro,
pois o erro é o grande mestre
que nos ensina a vida toda.*

Com esta dignidade e aceitação, você cria um campo de energia maravilhoso em que as pessoas depositam confiança, porque você confiou antes em si mesmo.
Você já chega, então, para a pessoa sem medo, passando essa coragem. Pois seja ela quem for, você está pronto para aceitá-la. Seja ela uma assassina, seja ela uma pessoa desonesta, ignorante ou frustrada, você está livre para aceitá-la do jeitinho que ela é. Isso não quer dizer, minha gente, que aceitar é fazer longas amizades, dar confiança, porque é lógico que a gente tem que selecionar a quem dar confiança. E também confiar depende de a gente conhecer a pessoa para poder confiar. Isso está certo. É olhar para ela sem medo, sem desfazê-la, mesmo sabendo dos seus defeitos. É elevá-la com seu olhar e com seu gesto, mostrando que ela é uma pessoa tão válida quanto qualquer outra, que neste mundo todos devem e que ninguém tem moral impecável. Todo esse moralismo é uma mentira.
Quem está procurando essa moral impecável é porque está doente da cabeça. A natureza é a natureza mudando em cada um, fazendo cada um com uma cara, com um jeito. Então, a gente vai olhar para as pessoas com os olhos da verdade, com os olhos da abertura. Minha gente, se chegar com uma energia dessas, o povo já derrete todas as defesas. Vê que você é de confiança, que não é perigoso.
Quando percebe que você não é perigoso, a primeira coisa que o povo faz é testar para ver se você não é pamonha. O povo não está acostumado com uma pessoa aberta e firme. Aí você se põe firme, impõe o seu limite e, dali para a frente, você tem nessa pessoa alguém em quem vai

poder confiar para sempre. A gente é muito aberto mas muito firme nos nossos propósitos, na nossa condição. A gente se abraça, tomando posse de nós mesmos, tomando o espaço interior, inteirinho, cheio de si. Não é feio ser cheio de si, não é, não. Aí, a pessoa confia em você.

    Não basta ser honesto com dinheiro ou honesto na palavra. É preciso muito mais do que isso para ganhar a confiança do ser humano. É preciso um coração generoso e uma cabeça firme, porque ninguém confia numa pessoa que vive destrambelhada, confusa, barulhenta. Muitas vezes, a gente pensa que não pode confiar numa pessoa mimada, encrenqueira, cheia de problemas, mas pode. E se você conseguir tocar a sinceridade da alma dela, ela vai ser sincera com você. Agora, se você não tocar, azar seu!

...é a energia que encanta

— Calunga, eu estava namorando fazia já cinco anos. Nunca pensei que eu fosse me decepcionar tanto.
— Uai, minha filha. É por isso que namoro é uma coisa perigosa. Nem namorar direito vocês sabem. Não sabem. O que é namorar? É olhar a pessoa lá no fundo. É ficar perto, olhando o jeito dela. Você vê a alma, o brilho, mas vê também as porcarias e os medos dela. Namorar não é ficar intoxicando os seus olhos.
— Ah, essa pessoa é maravilhosa!
— Quem, minha filha, que é assim? Está para nascer! Ela pode ser encantadora, mas não é maravilhosa. Encantadora, porque tem uma energia que a encanta, que a envolve, que acaricia o seu interior. Então, é encantadora. Tem uma expressão inteligente, bastante satisfatória. Tem a ternura a serviço dela, porque se não tiver não adianta. As pessoas fortes e ternas, então, são sempre encantadoras, porque espalham uma energia boa. Isso faz com que os outros mudem à sua volta.

...temos carência de bons olhos sobre nós

O marido não lhe dá atenção? Talvez porque você não mereça atenção. O que você fez para ser uma pessoa merecedora da atenção dos outros?
— Ah, Calunga, mas eu sou um ser humano.
— Uai, minha filha, eu também. Todo mundo é ser humano. Mas isso não faz de nós ninguém especial, porque todo mundo é. De que adianta você dizer que é ser humano? Precisa ver se você tem a energia de ser uma pessoa apreciável. Se você tem medo do mundo e se esconde porque teme a opinião dos outros, sua luz não se acende.

Se não tem luz, como o povo vai prestar atenção em você, sempre dentro de casa, relaxada, sempre preocupada com as coisas do dia a dia, sempre dramática, exagerada porque esqueceu de si mesma, esqueceu quem você é? O marido também esqueceu de tudo. Não têm mais romance nem prazer de viver. Pensam que viver é só trabalhar, sustentar a família e mais nada. Esqueceram de ser gente. E, com isso, vocês têm uma vida patética. Não só o marido não entusiasma a esposa, como a esposa não entusiasma mais o marido. Vão ficando aqueles velhos cheios de problemas, bem amargos.

Uai, gente, tem velho de 30 anos. Vocês pensam que estou falando de velho de 60 anos? Estou falando de velho de 30 que está aí encruado em casa, nessas brigas, nesse abandono a dois. Que coisa triste o abandono a dois! Como vocês se deixam levar, esquecendo a alma, minha gente.

Vamos parar de ter medo e confrontar a verdade, o carinho que nós temos por aqueles que estão conosco. Vamos abraçar as pessoas, sem medo delas. Agora, é preciso que você não espere nada do ser humano, mas que se dê a força.

— Ah, Calunga. Meu pai nunca me abraçou.

— Ele está vivo? Então, vá lá e abrace ele.

— Fui lá abraçar e ele ficou duro feito um pau. Nem me respondeu nada. Eu fiquei encabulada.

— Ah, minha filha, você é muito fraquinha, muito pamonha. Vá lá e dê um abração nele. Abrace, abrace, abrace, gaste bem ele. Depois, se ele ficar duro, o problema é dele. Mas você fez a sua parte. Pode dizer:

— Ah, a minha parte eu fiz. E a hora que eu quiser, vou lá e abraço nem que ele me bata, porque eu não aceito isso.

É assim mesmo que a gente faz com pai duro, com pai indiferente. Mas vocês ficam fazendo panca de orgulhosos. Tudo orgulhoso.

— Estou de mal, porque a pessoa não é boa, não facilita.

— Uai, vai ver que seu pai a vida inteira foi um covarde, um medroso. Mais medroso que você. Mais orgulhoso que você, mais bobão que você, que, às vezes, tinha um impulso, uma vontade, mas não fazia de medo. E você aí, igualzinha a ele, acreditando em tudo.

Vocês são todos uns covardes. Uai, quem não arrisca não petisca, minha filha. Se você não for e não quebrar essas besteiras, vai se arrepender no seu coração por não ter feito. Vai carregar o remorso com você. No remorso, a gente está tapeando a nossa alma. É preciso considerar:

— Ah, meu pai é um homem comum. É qualquer um. Não vou mais me hipnotizar com essa ideia de pai, de mãe.

Não hipnotiza mais, porque você, mãe, é uma mulher comum. Você, pai, é um homem comum. Eu te quero bem, porque você me fez muita coisa. Então, ó pai, vim hoje aqui porque acabou. Ou eu te dou um abraço e nós ficamos de bem, ou vamos rolar aí no chão. Ah, não! Chega dessas besteiras. Não quero mais ter medo nenhum, porque você é um homem comum. Medo era fantasia da minha cabeça.
— Ah, tenho medo daquele chefe.
— Vá lá, converse com o chefe. Quebre o medo, menina.
— Ah, aquele homem tem uma cara feia.
— Vá lá. Converse com ele. Que homem de cara feia, coisa nenhuma! Cara feia é medo. Medo é fraqueza. O homem é mais fraco que você. Vá lá. Olhe para ele de frente: "Ó fulano", e já vai chegando. Diga:
— Sabe que você é uma pessoa simpática? — Ele fica todo nervoso, porque não sabe se você está querendo namorá-lo. Mas deixe-o confuso, que é melhor. Não deixe explicado em nada a intenção. Vai logo ver que é tudo defesa. Ele está cheio de defesa e de panca. E você derruba a panca da pessoa na brincadeira, no jeitinho, na graça, na ausência de medo e ela logo relaxa.

Não queremos fazer a pessoa se sentir desconfortável, nem machucada ou invadida, porque aí ela pode se tornar mais agressiva. E, assim, não vamos conquistar o coração dela. Para conquistar, a gente chega bem, sem medo. Já puxa conversa, pergunta algo pessoal, olha para ela lá no fundo. Se ela se sente incomodada com o olhar, você disfarça. Como ela não está acostumada com isso, procura se esconder de vergonha.

Você sabe que a pessoa assim é muito carente. Então se vir uma coisa boa nela, fale, mas só se for algo verdadeiro. Não vá mentir. Se você diz que ela é bonita, ela não vai aceitar, pois sabe que é feia. Cuidado! Pegue um traço de beleza: os olhos, a mão, a boca. Então, diga:
— Que mão bonita que você tem.
Pronto, ela já se sente reconhecida. Pois sabe que a mão dela é bonita. Agora, não pode ser falso, tem que ser de coração.

— Ah, Calunga, mas eu não sei fazer de coração.
— Claro, você só olha os defeitos dos outros. Não reconhece as qualidades. Não cultiva o bem dos outros. Vamos cultivar. Assim, quando disser: "Ah, que mão bonita", é porque você está vendo que é mesmo. A pessoa sente aquela sinceridade. É porque esse negócio de ficar elogiando falso, cheio de ilusão, não convence mesmo ninguém.
Apreciar não é elogiar. Elogiar é quando a pessoa faz alguma coisa e a gente dá os parabéns. Agora apreciar é diferente. Você não está elogiando a mão dela. Está apreciando: "Bonita a mão!" Então você fez uma coisa boa.
Você alguma vez já foi inteirinha para falar com a pessoa, sem reserva nenhuma? A gente vai olhando para a pessoa como ela é, porque tudo é gente. Nós temos uma carência de bons olhos sobre nós. Todos nós queremos e precisamos ser bem olhados. Já nos bastam as críticas, a nossa inabilidade em lidar com os próprios erros, em lidar com as nossas limitações. É por isso que nós temos uma carência grande de que alguém nos ajude com a sua boa vontade, com a sua alma, olhando-nos sinceramente para perceber o que somos e deixando-nos ser o que somos, sem nos ferir com pequenezas ou deficiências.

E se ao conversar conosco precisar chamar a nossa atenção, que o faça com ternura e firmeza, porque a verdade precisa ser dita e ouvida, mas sempre com muito respeito pelo ser humano. Se não olhá-lo com os olhos do coração, com respeito, você estará desrespeitando a natureza e estará se compromissando com a vida.

Não pensem vocês que não precisam saber se colocar firmes quando as pessoas abusam. Eu digo "não" para qualquer um. Não precisa fazer cena. Com respeito, todo mundo ouve. E se você é uma pessoa de verdade, todo mundo vai ouvir de verdade.

...se ligue no coração

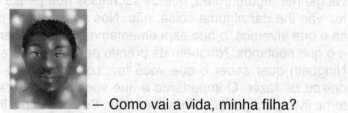

— Como vai a vida, minha filha?
— Tudo bem, graças a Deus!
— Ó, nem fale. Sem Ele, a gente não é nada.
— Calunga, só tem uma pedrinha no nosso caminho. Eu soube através de amizades da minha filha que ela experimentou droga. De lá para cá, estou balançando demais.
— É? Você também tinha vontade de experimentar?
— Não, nunca tive.
— Nunca teve curiosidade de saber como é que é? Olhe, filha, não minta para mim.
— Ah, eu gostaria de ser mais livre.
— Você gostaria. Mas não gostaria de experimentar para ver como é que é? Como será essa coisa da droga, não é verdade? A gente tem curiosidade. Essa molecada tem curiosidade. Você também tem curiosidade. Por que a sua filha não pode ter essa curiosidade? Isso não quer dizer, absolutamente, que ela se tornou uma dependente.
Mas você a vida inteira viveu nesse moralismo. A vida inteira, você viveu presa. Na verdade, o que a assusta é a liberdade, é a curiosidade. Você se prendeu, prisioneira dos seus valores e não se deixou seguir o seu caminho

com alma. O que mexe com você, o que a assusta é que a sua filha se permitiu fazer algumas coisas que você condena. Tem medo das suas condenações e não se permite fazer as coisas que você tem vontade.

O que ela fez, por um lado, é muito atraente para você, porque mostrou uma certa liberdade. Mas, por outro lado, a assusta muito, porque os seus elementos repressores, os seus fantasmas e os seus obsessores mentais impedem que você se abra para a vida para experimentar e fazer o que gosta.

Minha filha, quando você chegar aqui, não pense que vai ganhar algum troféu, que os sacrifícios que pensa que fez vão lhe dar alguma coisa, não. Nós só trazemos para cá o que vivemos, o que experimentamos, o que sabemos e o que sentimos. Ninguém dá prêmio para ninguém aqui. Ninguém quer saber o que você fez, como fez ou o que deixou de fazer. O importante é que você se realize e se torne livre para poder viver a liberdade. Se você não é livre, quando chegar aqui não vai ser livre também.

— Mas eu sou muito cobrada...

— Porque você é uma pessoa pamonha, "cobrável". É vaidosa. Quer ser perfeitinha aos olhos dos outros. Ignora os olhos de Deus. Aos olhos de Deus, todo mundo já é perfeito, minha filha. Deus é o dono de tudo e aquele que pode te dar tudo. Então estar de bem com Ele é que é vantajoso. Por que vocês querem ficar bonitos para os outros? Já são bonitos para Deus. Não importa o jeito do cabelo, não importa nada. Entendeu, minha filha? Você vai atrás dos outros porque é boba. Por que não faz a sua vontade? Por que não é forte, não é corajosa para ser você mesma? O povo cobra e eu digo: não sou "cobrável" e acabou. Por que você fica nessa vaidade, querendo mostrar que é boazinha e certinha?

— Eu comecei a fazer um curso de prosperidade. Eu estou muito feliz por me permitir...

— Claro que pode. Tem tanta coisa boa para você se permitir fazer. Agora, ficar atrás da cobrança dos outros, minha filha? Quer o quê? Parecer uma senhora distinta? É nisso que você quer acabar? Uma velha feia? Vai ficar

velhinha, enrugadinha, cheia de doença, ceguinha, largada na casa da filha.
Vamos sair desses problemas antigos e vamos ser modernos, abertos, minha filha? Vamos experimentar a vida e vamos crescer? Vamos ser uma pessoa da terceira idade independente, lúcida, capaz de acompanhar o mundo, de aproveitar esses milhões de oportunidades que a sociedade moderna favorece a todos nós? Vamos viver a vida como se você tivesse 11 anos? Lembra como era na adolescência, quando você não podia fazer as coisas? Pois faça agora. Os outros que vão lamber sabão.
— Viu, Calunga, ela quer dormir fora, na casa das amigas. E foi nessa casa da amiga que ela começou...
— Ninguém segura filho nenhum. Quantos anos ela tem?
— Catorze anos.
— E vai segurar o quê um mulherão desses? Minha filha, a amizade. Pare de ser mãe. Você é muito quadrada.
— Então, eu devo deixá-la?
— Não sei. Isso eu não sei. Não tomei essa decisão. Você quer que os outros lhe ensinem a fazer o certo, enquanto você não quer se ligar no seu coração e fazer o que o seu coração manda. Você está acostumada a se cegar e a andar com os olhos dos outros, mas não é com os meus que você vai andar, não!

193

...regra é para quem não tem bom senso

O povo quer saber como são as regras:

— Calunga, como é que faz, hein?

Minha gente, no mundo superior não há regras. As pessoas têm bom senso. Quem tem bom senso não precisa de regras, porque sente a cada momento o que é apropriado, conhecendo que, a cada momento, a vida é diferente e exige uma atitude diferente, uma conversa diferente, uma observação diferente, adaptada a cada momento. Então, é preciso ter bom senso. Agora, esse negócio de ficar "qual é o certo?", ora, não há nada certo no mundo. Sinto muito dizer, mas você fica procurando o certo:

— Calunga, é certo se casar? É certo fazer aborto? Mas é certo se matar? Ah, queria saber se pode cremar? Como é que faz?

Todo mundo quer saber as regras:

— Ah, porque não quero errar.

Você vai errar de qualquer jeito, minha filha! Se você quer regras, faça o favor de ter bom senso. Se você não quer ter bom senso, é sinal de que está com medo de viver com a alma, porque bom senso é o senso da alma. É o senso superior.

Todo mundo quer imitar. Não quer sentir as coisas com a alma. Não quer ir por si próprio, quer ir pelas regras da sociedade, da religião, da educação, mas não quer ter alma para sentir a situação. Depois, inveja aquele que cresce na vida, aquele que é original e abre caminho, que vai para a frente e cria o próprio mundo, a própria linguagem, aquele que tem uma personalidade marcante. Uai, minha gente, depois fica com aquela inveja, porque não se deixou crescer espiritualmente. Vocês pensam que crescer espiritualmente é virar santo, virar religioso, espiritualista? Ah, minha gente, no umbral está cheio de sacerdote. Aqui, está cheio de santo do pau oco. O que é espiritualidade? É a emancipação do espírito. Muitas vezes, o homem nem vai à igreja e nem sabe nada de religião, mas ele assumiu: "Eu sou eu. Sou o que a natureza me fez". Ele é ele, não dá muita bola para os outros. Esse cresce, tem uma personalidade exuberante. A alma vai para fora, tem carisma, tem a elegância do ser. Isso que é evolução. Mas vocês estão muito enganados, ficam lendo os livros de religião e querem copiar.
— Ah, não sou assim. Devo ser atrasado.
O povo sofre de complexo de inferioridade, porque vive copiando. Fica pegando os outros de modelo.
— Olhe, minha filha, não tem modelo para você, não. Jogue fora os modelos. Não firam a Deus, porque vocês vão sentir a dor na pele. Uai, você não tem com quem se medir porque não é melhor nem pior que ninguém. Você não deve ser igual a esse, nem igual àquele. Você é você! É diferente e pronto. Porque é assim que Deus fez.

...sem sentimento de fraternidade não há pátria

Acorda, povo brasileiro! Vamos sentir com o coração. Não é para você ser emocional, mas para ser espiritual. Não é para você ser bonzinho, mas para saber das bondades divinas. Não é para você ser malandro, mas, ao mesmo tempo, é para ser flexível, para não ser dirigido pela mente humana mas pela mente espiritual, não é verdade?

É para isso que estamos sendo criados, como povo, para aprender a viver pelas leis da eternidade e ser um povo que tem a coragem de descobrir essas leis e viver por elas, deixando que as leis humanas tomem um segundo plano. Essa é a ansiedade de todo coração, que a grande justiça desponte em nossa consciência, em nossa sabedoria, e que nós consigamos viver com essa grande justiça do Universo. E que a velha moral da justiça dos homens, da constituição, das leis do código penal se remodelem, mas elas não são nada, absolutamente nada. São frases num papel, porque a lei está no coração do homem, na compreensão, na inteligência de cada cidadão.

E é dentro dessa transformação de cada um que ela vai existir também para a sociedade, que não nos iludamos que poderá haver qualquer reforma na sociedade sem que haja a reformulação dentro de nós. Porque é essa coisa que começa dentro de nós, que abrange a família, que abrange os negócios, que abrange o Estado o que faz verdadeiramente uma pátria.

Uma pátria não é uma bandeira, não é um símbolo, não é um exército. Uma pátria também não é uma língua. Uma pátria não é a mesma raça nem a mesma genética. É o sentimento de fraternidade humana. Isso que é pátria. A pátria hoje vai além do Brasil, se estende ao planeta inteiro. É a espaçonave onde caminhamos pela eternidade através do cosmo. Mas não podemos honrar nosso próprio planeta se primeiro não honrarmos nossa própria nação, nossa família, nossa casa e assim o nosso coração e a nossa vida interior. Pois tudo vai do pequeno para o grande, do menor para o maior.

*...o sofrimento
acusa o desrespeito*

Tudo é milagre de Deus, porque quem consegue as coisas na vida da gente é Deus. Tudo é Deus! Tudo é energia de luz na gente. Estou ensinando o meu menino, o Luiz, que a melhor coisa é não ser nada. Quanto menos tiver o "eu", mais livre se é. A gente vai se identificando com a energia maior e vai largando as identificações com a energia menor.

Vocês querem nome, status, diploma. Tudo isso aí é bom, pois o conhecimento, a prática, o trabalho possibilitam um meio de vocês se articularem aí na vida física. Do ponto de vista interior, porém, é melhor não ser nada, não ser ninguém, se pensar como um porto para a luz divina, onde Deus ancora ali o barco da realização.

Melhor fazer concessão à pequenez. Pois tudo o que é nome limita. Tudo o que é rótulo cerceia.

*Tudo o que a gente quer ser
e acha que é já nem é mais.
Não passa de imaginação.*

— Ah, porque eu sou uma pessoa calma, porque eu sou agitada, porque eu sou assim...
Tudo besteira, bobagem. A gente é um espaço onde a vida acontece. E é só isso. Deixe a vida acontecer na fé absoluta da sua verdade interior, da sua natureza. Precisamos da comunhão com a natureza, não apenas com a natureza externa, com as plantas, com o ar. Pois esta só pode se manifestar depois que a interna já se manifestou.
Quem está perto de si tem um grande amor pela natureza externa, tem um grande cuidado. Não joga papel fora do carro, como vejo certas pessoas fazendo. Que povo sujo! Ah, o carro dele tem que estar bonito; agora, a rua pode ficar suja. É o povo que não tem amor nem respeito pela natureza. Isso também se reflete por dentro. Esse indivíduo infeliz não tem amor à sua própria natureza. Vive o status, vive da aparência. Ele é infeliz, porque está longe de si. E essa distância causa muita dificuldade na vida dele: muita miséria de amor, miséria de realização, miséria de dinheiro também. Tudo fica muito pobre, muito mesquinho, como a cabeça dele.
Também, minha gente, todo mundo tem o direito de ser o que é, de experimentar viver de acordo com suas crenças, passar pelo resultado dessas crenças e reformulá-las quando bem entender. Deus deu a liberdade. Então, respeito a liberdade até daquele imprudente, inconsequente, desumano que joga o papel pela janela. Tudo eu compreendo. Não apóio de coração, mas compreendo que é ignorância da pessoa. Reconheço que aquilo não é adequado, mas não ataco. Não me revolto. Reconheço que o indivíduo está na mão de Deus e responde à natureza por aquela atitude que ele toma.
Quando a gente vê um hospital cheio de doentes, gente na fila e as misérias humanas acontecendo, entende que cada um está passando por aquilo que plantou. Então, você também respeita o doente, sem pena, sabendo que na doença e na desgraça a natureza está fazendo o trabalho que a inteligência não fez. Quando a desgraça bate à porta é porque ela já tentou mostrar, através da inteligência, que você precisava ter uma atitude diferente.

Quando você não conseguiu nada, a natureza expressa-se na sua vida, criando a dificuldade em algum nível — seja no ambiente, na sua cabeça, no seu coração, no seu corpo, não importa. Aquilo é criado para que você veja, com clareza, o que anda fazendo consigo e o que anda fazendo diante da natureza. Infelizmente, o homem pensa que tem que se adaptar à sociedade, às crenças da religião, às expectativas do mundo. E, no entanto, a verdadeira e única religiosidade é aquela que leva o homem a respeitar a própria natureza. Pois o corpo é um templo, onde a missa da vida é rezada a todo momento.

Se não respeitarmos a natureza em nós, a nossa alma, o jeito que Deus nos fez, iremos nos compromissar com a própria vida. Nesse compomisso, não existe ajuda que valha a pena. Na verdade, a ajuda sempre está em volta de nós. Nós é que não aproveitamos as oportunidades. A dor, a miséria, os problemas dolorosos, de difícil solução mostram a nossa negligência no aproveitamento das oportunidades cotidianas.

Estou aqui, falando. Pode ser, neste momento, esta minha palavra uma luz para você. Pode ser que, neste momento, a vida esteja falando pela minha boca, levando-o a notar alguma coisa importante sobre você mesmo. E, então, vai poder reformular, aparar ou até reforçar o que já era velho mas que ainda é bom, pois você também tem muita coisa boa. Você é livre, no entanto, para jogar fora também esta oportunidade:

— Ah, Calunga, tudo isso eu já sei.

E não olhar para dentro e ver por que a natureza criou este encontro nosso.

— Ah, Calunga, mas eu estava esperando.

— Sim, mas tudo podia acontecer para impedi-lo de estar me ouvindo. Seu rádio podia ter algum defeito, a estação podia ter saído do ar, mas tudo está sendo mantido. E nós estamos nesse encontro.

Quem mantém a vida é a natureza. É a própria vida que se mantém. É a vida em nós, o que chamamos de alma, de fonte, de essência em nós. Nós não somos muitas vezes do jeito que gostaríamos de ser. Deus,

no entanto, tem Suas razões para nos fazer do jeito que somos. Se não respeitarmos isso, não iremos respeitar mais nada na vida. E o desrespeito está exatamente ali, ali no sofrimento. Pois o sofrimento acusa o desrespeito. Mas eu respeito. Não vou condená-lo pelo que você sofre, não vou ser seu juiz. Não vou dizer:
— Olha, é bem feito! Você está aí pagando porque não aprendeu no bem. E, por isso, está aí no sofrimento.
Isso não compete a mim, porque não tenho nada com isso. Cada um acerta com a própria natureza. E disso ninguém escapa. Em nenhum minuto, nenhum segundo, há de passar nesta terra uma gota de sofrimento sem motivo, sem razão, sem que a pessoa tenha abusado das coisas. Portanto, minha gente, lastime ou não lastime, chore ou não chore, revolte-se ou não se revolte, a natureza é indiferente. Faz o seu serviço em todos, igualmente.

Não importa se é santo ou se é demônio. Todo mundo está sob as mesmas leis.

Então, cabe à gente ser manso, na mente, para entender e cooperar.

...seu compromisso é só com a própria natureza

Cada problema na vida reflete o que somos diante de nós. Cada problema reflete o que não fazemos de acordo com a nossa natureza. Vocês têm um compromisso e um só nesta vida: com a sua própria natureza. O resto, minha gente, não temos, não, nem com filho, nem com marido, nem com namorado, nem com sociedade, nem com ninguém.

O primeiro compromisso é com a minha natureza. Se a minha natureza é carinhosa, maternal, então, vou ter um monte de filhos ou vou trabalhar com crianças. Vou me envolver com o que a minha natureza é. Se a minha natureza não é maternal, não dá para crianças, o melhor é nem ter filhos. Se a minha natureza é executiva, vou me pôr no trabalho. Se a minha natureza é artística, vou ser artista.

A sua natureza é a sua natureza. Se você é falante, é falante. Se é quieto, é quieto. Nada é igual. Todo mundo é diferente e cada um precisa se aceitar como é. Uns gostam de fazer o bem de um jeito e outros gostam de outro jeito, porque isso é da alma. Mas vocês querem ser uma coisa que planejam, que admiram, querem desprezar a si mesmos e ainda acham que a natureza não reage? Reage, sim.

Minha gente, vocês têm um compromisso só: é diante da sua natureza. Não adianta louvar a Deus. Não adianta rezar, fazer caridade para o próximo, se não tiver caridade dentro de você. Se não louva a Deus, você não respeita a sua natureza. Não adianta essas besteiras todas, porque não levam a lugar nenhum. Ficam só tapeando que você é boa. Não é boa, nada. Você é ruim para você. Está em débito consigo mesma.

A verdadeira prece, a verdadeira louvação a Deus traduz-se no respeito a si mesmo. É a aceitação da natureza como ela é. Se você não se curvar diante do próprio altar da sua existência, que é você mesmo, não vai estar bem com Deus nem com a própria natureza. E Deus não vai estar bem com você. Não adianta. A religião verdadeira é Deus em nós. Se você não respeitar isso, não adianta ser crente, não adianta ser nada. Essa é a verdade de qualquer um.

...a vida é só chance e oportunidade

A dívida pode ser a nossa fortuna antecipada porque, se eu comprei e arranjei uma porção de coisas, depois tenho que pagar. Agora eu vou assumindo a minha riqueza através da minha potencialidade, da minha liberdade. Dinheiro é tão fácil, por que vocês complicam? Dinheiro cai do céu, minha gente! São vocês que se emperrram inventando problema onde não tem.

Vejo gente aí na Terra ganhando dinheiro que é uma vergonha. Como o dinheiro entra para essa pessoa. Também ela não tem problema nenhum, não enfia nada na cabeça. Tudo para ela é desafio. O imprevisto é desafio e desafio é prazer. Olha só que gente esperta! É do tipo que diz:

— Ah, eu vou conseguir, eu vou! Não tenho medo de nada, não!

Vai e resolve tudo. Nada é problema. Tudo é fácil e vai mesmo. Que coisa maravilhosa. E vejo o povo encruado:

— Ah, está chovendo. Será que eu vou com essa chuva? Acho que não vou. Vou deixar para segunda-feira.

— Humm, a televisão está ruim. Não tem nenhum programa bom.
Que coisa mais feia. Por que não larga essa televisão? Vá pegar um livro. As pessoas, então, arrumam problema onde não tem.
— Menina, fiquei sem carro. Fiquei tão atrapalhada! A minha empregada foi embora. Eu estou tão cheia de problemas.
Minha filha, você é pobre de espírito e a sua vida vai secando, porque é você que está secando as fontes de riqueza. Diga:
— Que nada! Não tem empecilho nenhum na vida, eu toco tudo. Não tenho medo de dívida, de risco, de nada. Vou inteira. Não tenho medo de tombo. Ah, quem tomba levanta. É um minuto no chão e depois estou de pé.
Que perspectiva negra vocês têm da vida, e aí fica tudo negro mesmo. Mas a vida é só chance e oportunidade. O que a vida procura de gente boa para ela poder se manifestar, mas as pessoas estão todas de portas fechadas, limitadinhas, de cabecinha baixa.
Uai, minha gente, vamos abrir as portas da espiritualidade. Vocês pensam que espiritualidade é o quê? Ficar rezando e fazendo caridade? Isso não é espiritualidade. Ser religioso? Às vezes, é melhor nem ser, por causa desse povo que está aí com a religião, só com a preocupação de fazer dinheiro, dinheiro, dinheiro para explorar a ignorância alheia dos carneiros que se deixam ser levados. Uai, está na hora de a gente despertar.
Eu vou mesmo aprender que espiritualidade é vencer cada momento da nossa existência no melhor. É enfrentar tudo com grandeza, com largura, olhar a perspectiva brilhante que a vida nos oferece a cada instante, tentar ver para a frente tudo aquilo de bom que a vida está dando, que tudo tem sempre um jeito. Tudo tem um jeito, que a vida é uma aliada segura, necessitando da nossa abertura. É preciso a conformação de que você é uma pessoa capaz de ser plástica, flexível, de poder reverter as coisas no próprio benefício, de poder enxergar as coisas no seu lado bom. Não ficar parado nos pontos de negatividade, mas

procurar os pontos de positividade que a vida também está oferecendo da mesma maneira.

O mercado é farto. Tem de tudo. Você pega o que quer e assume o que quer. Mas a sua visão de vida é limitada porque você pôs cercas. Tire as cercas e pronto. Exerça o poder de ser você mesmo com grandeza.

...sem mudança interior, não há melhora

Se você está passando por alguma coisa ruim é porque está fazendo algo ruim. É preciso reconhecer, então, que seu coração precisa entrar na alegria. Alegria, leveza, facilidade você só tem quando está no bem. E se está no bem significa que está respeitando sua moral, seu conhecimento, seus valores mais nobres. Se está vivendo nesses valores, seu coração está em festa. Se sente alegria, leveza, é sinal de que você está fazendo todo o bem que pode por dentro. O resto vai se passando por fora e vai mudando, mudando até que tudo fique bem. Mas a mudança começa por dentro.

Não adianta a gente ficar na lástima, porque isso não vai trazer nada. Se o mal está na sua vida é porque você atraiu. Você é responsável. Então, vamos parar com essa conversa de que os outros o estão perseguindo e fazendo mal e achar que você não deveria estar passando por nada disso. Você faz a safadeza e depois não quer ver o que está fazendo? Agora, se estiver verdadeiramente disposto a se respeitar e a respeitar seus valores mais nobres, vai passar, então, a fluir com alegria.

Se o valor que você pensa que é nobre e que está respeitando não lhe trouxer alegria no peito é porque não

passa de um valor falso. Não é um valor nobre. Pode ser até um valor religioso, mas é falso, porque não trouxe alegria. É falso porque não deu contentamento.
— Ah, mas está lá na Bíblia...
Não importa de onde você tirou, se é o que você pensa ou se é uma interpretação sua, não interessa. Não deu alegria no coração, não fez as coisas mais fáceis, não fez as coisas melhores para você? Está errado. Aprenda que Deus fala por meio das sensações.

Quando você está de bem com Deus,
Ele só pode estar de bem com você.
Quando você está de mal com Ele,
Deus também está de mal com você.

A alegria, a leveza são a aprovação de Deus em nós. É Deus alegre, é Deus bem. Ele está aprovando o que nós estamos pensando. Ele está aprovando nossa atitude. Aí vêm a saúde mental, a saúde emocional, a inteligência, as respostas fáceis, a facilidade diária. As coisas vêm na mão. É por isso que quando você senta na almofada interior, Deus traz tudo na mão. Vem aquela pessoa que vai ajudá-lo, aquele negócio que você precisa para resolver suas dívidas, a solução daquele problema que há anos está na Justiça, aquela modificação no ambiente da sua casa.

Mas precisa começar dentro de você. Se faz alguma mudança interior, você muda toda a sua vida exterior. Ninguém vai conseguir mudar a vida exterior sem mudar a vida interior. O povo pensa que vai lesando o ambiente, rouba na firma, rouba no cargo que ocupa no serviço público, tira as coisas por fora, faz as falcatruas, um sacaneia o outro e que isso passa. Passa, não. Eu sei que a justiça da

Terra não registrou, mas a natureza está presente. É a doença, é o problema em casa, é a desarmonia no lar. Tudo repercute em alguma coisa. E a desonestidade interior também acaba repercutindo.

O indivíduo está bem de vida, comprou carrão, mas a doença, o câncer está se formando e daqui a alguns anos vai somatizar. Os filhos já estão pirando na droga, a esposa está numa infelicidade tremenda, louca para largá-lo e arranjar outro, se já não tem. E assim vai. De repente, começa isso daqui, aquilo de lá. O indivíduo vai experimentar as consequências do que criou.

Ele pede a Deus, mas como Deus pode ouvi-lo, se ele próprio resolveu não se escutar? Como Deus pode chegar até ele, se ergueu um muro imenso entre ele e Deus? Então, ele vai sofrer as consequências dos próprios atos.

Agora, se houver arrependimento, se houver o reconhecimento do erro que ele fez, aí então ele tem uma chance. O reconhecimento é a visão clara do que está errado em nós. É, ao mesmo tempo, reassumir a verdade que a gente conhece, o bem que a gente sabe.

Reassumiu? Então, você tem direito à renovação. Começa a alegria interior, começa a paz, a reformulação emocional, vibratória, a reformulação do corpo, depois a da mente. Aí tudo isso se estende ao ambiente, à carreira, à família. Mas sem arrependimento não tem jeito. Então, faça as suas contas do que você está precisando. É uma coisa sua com Deus. Ninguém tem o direito de se meter, nem eu. Veja o que você precisa mudar para a sua vida melhorar mesmo de vez.

...ninguém pode se pôr no lugar do outro

— Calunga, eu me coloco no lugar da pessoa e fico imaginando...

Esse é o grande erro, porque você não é a pessoa. Ninguém pode se pôr no lugar de ninguém. Isso é uma ilusão. Só tem um lugar: o seu. Quando pensa que está se pondo no lugar do outro, você está, na verdade, inventando uma versão sua para a situação do outro. Então, é mentira. Por isso, nunca se ponha no lugar de ninguém.

Você vive bem numa casa confortável, por exemplo, e chega aquele mendigo de rua. Você se põe no lugar dele:

— Ele deve estar passando tanta necessidade: frio, fome. Não tem uma casa, não tem uma comida quentinha, não tem um chuveiro...

Imagina que ele deve estar sofrendo muito, porque, se você perdesse tudo e ficasse na rua, iria sofrer. Mas ele gosta é daquilo, de ser livre. Não gosta de tomar banho, não gosta de chuveiro. Gosta de morar em qualquer lugar, porque não quer se preocupar com nada. Não quer assumir responsabilidade com nada. Gosta mesmo de viver na rua.

A gente não tem condições de se medir pelo outro, não é mesmo? Pois se ele não gostasse dessa situação, já teria dado um jeito. Tem tantos modos de a gente dar um jeito, de arrumar um trabalhinho, um cantinho, alguma coisa. E a pessoa não arranja, porque quer mesmo ser mendigo de rua. Então é uma escolha dela viver da arrogância dos outros. O mendigo vive da arrogância dos vaidosos que gostam de dar esmola para pobre. Ele chega perto e já faz aquela cara de miserável, e o vaidoso, como morre de medo de parecer egoísta, dá esmola para não sentir culpa.

O mendigo vive mesmo da vaidade alheia. Tem gente que está milionária de tanto pedir dinheiro na rua, ganha muito mais que um salário de trabalhador. E fica aí nessa vida, vivendo às custas da ignorância do povo. Pois aquele que é humilde diz logo:

— Ah, não vou dar, não. Vá trabalhar, porque eu trabalho.

Isso não é má vontade com eles, porque quem quer mesmo ajudar, arranja um emprego para a pessoa, dá uma oportunidade para ela trabalhar. Tudo isso com respeito.

Às vezes, caridoso é o industrial que mantém duas mil, três mil pessoas trabalhando para ele, que está sustentando aquelas famílias todas. Este, sim, é o grande caridoso da sociedade, porque garante o emprego de muita gente. O povo, no entanto, ainda fica com raiva, diz que ele é ruim.

Minha gente, vamos aprender direitinho a não ter piedade de ninguém, nem a medir os outros por nós. Vamos sentir no coração. Se você estiver com muita vontade de dar esmola, dê. Mas se você sentir que não está com vontade, tenha a coragem de assumir isso e não dê. Assim é com tudo na vida que lhe pedirem, porque todo mundo pede neste país. Abre a boca para pedir qualquer coisa, mas na hora de pagar, ninguém quer. Ora, se a coisa existe é porque foi feita e, se foi feita, é porque alguém deu o seu suor para fazer. Essa pessoa, então, não merece alguma coisa em troca? Engraçado: para fazer não é de graça, por que tem que ganhar de graça?

— Ah, porque a pessoa é uma infeliz, uma coitada.

Uai, mas todo mundo não é infeliz e coitado neste mundo porque tem que pelejar para viver? O povo compreende tudo errado. Mas quem tem é porque fez para ter e tudo o que existe tem um preço. Esse negócio de dar de graça é de vocês aí, pois aqui no astral não tem disso, não. Não tem nada de graça. Ou tem mérito ou não tem. Aí, vocês tapeiam os outros e arrancam as coisas de graça dos bobos que nem você que não sabem dizer "não", mas gente com juízo diz logo:

— Está bem. Se quiser então você me dá algo em troca. Alguma coisa eu quero ter. Eu paguei para conseguir, você também tem que pagar com seu serviço, não está aleijado, a não ser que esteja doente numa cama, apodrecendo, então a gente socorre. Vamos saber dar quando existe a verdadeira necessidade, mas vamos distinguir da mentira desse povo pidão.

...está certo do jeito que você é

Não interessa como a gente é, interessa se a gente se sente bem. Se você se sente bem do jeito que é, então está bom. Se não se sente bem, é melhor mudar. Não interessa se sou rico ou se sou pobre, interessa se sou feliz. Não interessa se sou burro ou inteligente, interessa se sou feliz. Como o povo é cego para si, como o povo se nega! Vive preocupado em ser: o que eu sou, hein? Eu sou uma pessoa bonita ou sou feia? Eu sou chata ou sou simpática? Sou uma pessoa média, inteligente ou burra? Como é que é? Eu quero ser.

Quem quer ser acaba no inferno, pois quem está no céu não está preocupado em ser nada, está preocupado em sentir. Como eu me sinto assim?

— Ah, eu me sinto bem.

— Ah, se sente bem? Então, minha filha, o que mais você quer?

— Não, porque eu acho...

— Não ache problema nenhum, porque você está querendo copiar os outros. Ninguém tem problema nenhum. A natureza é certa e é diferente em cada um. Não fique se medindo, nem se dando nota ou se comparando com alguém. Aprenda a respeitar a sua natureza, não se classificando:

— Em que classe eu estou hein? Em que posição eu estou diante do mundo?
 — Uai, minha filha, eu quero lá saber? Eu estou aqui e nem aqui estou. É só o reflexo da minha voz que passa através deste aparelho. O que interessa quem sou eu? De que interessa o meu nome? De que interessa meu grau de evolução? Interessa nada. Isso daí não dá medalha para ninguém. Quando você morrer, nem Deus nem Jesus vai estar esperando para lhe dar alguma medalha: ah, você atingiu o grau máximo! Ninguém vai lhe dar bola.
 O que você fez de bom, sorte sua, pois quem vai usufruir é você. De resto, ninguém nem liga, porque você não fez mais que a sua obrigação. O que você é ou deixa de ser não interessa para ninguém. Interessa só para você.
 De que adianta ter um título de doutor e ser infeliz? De que adianta ter dinheiro e ser infeliz? Não adianta nada. Onde é que vocês estão com a cabeça? Precisa acordar e dizer: se sou assim, sou assim. Se sou feliz, sou feliz.
 — Ah, mas você devia se arrumar melhorzinha.
 — Eu não gosto. Estou feliz assim. Por que eu tenho que andar igual às outras? Gosto de andar com roupa assim, o que tem de mais? Estou vestida, não estou? Estou decente, não estou? Não estou provocando ninguém, então acabou. Para que me preocupar com essas bobagens de roupa? Tudo bobagem. As bobagens que a gente faz com a gente é uma coisa ridícula. Faz um problemão de uma coisinha.
 — Ah, estou diferente dos outros. Pronto, eu já sou um problema.
 É claro que você é diferente. Deus não copia, então só pode mesmo ser diferente. Engraçado: vocês estão tão acostumados com a ilusão que, quando veem a realidade, pensam que é ilusão. Quando veem que são diferentes, o que é a verdade, pensam que têm algum problema, de tão acostumados que estão com a ilusão. Uai, quando é que vocês vão ficar do seu lado, do lado da sua natureza?
 E me poupem de ter que lhes dizer: voltem para a sua natureza. Está tudo bom, minha filha. Está tudo certo do

jeito que você é. Vou fazer uma gravação para ficar tocando na rádio: está tudo bom do jeito que você é.

Hoje estou assim. É assim que eu me sinto. Não sei o que sou, só sei o que sinto. Eu sou o que sinto no momento, a energia que eu tenho no momento, a força que eu sou neste momento. Muda? A gente muda todo dia. Mas a gente é a verdade daquele momento. É só isso o que conta, minha gente. O resto tudo é ilusão. Ninguém é nada. Todo mundo é um acontecimento novo a cada instante.

— Ah, eu sou muito séria.

É nada. Tudo depende do acontecimento e tudo vai mudar quando você menos esperar. Ninguém é nada. Nós estamos experimentando de tudo nesta vida. Somos uma experiência. Pessoa é experiência com consciência de si, não é uma coisa fechada, não é uma personalidade. Todo mundo é experiência divina, só que nós temos consciência. Isso que é uma pessoa. O resto é estado: tudo está, está e se transforma. Nada é seguro. Não adianta pensar:

— Ah, eu sou sempre assim.

Não é nada. No dia seguinte, sua natureza faz o contrário só para irritá-la, como quem diz:

— Não adianta. Essa segurança não existe. Deixe rolar. Não queira segurar a vida nem segurar você. Não se segure com essas imagens de eu sou, o outro é, eu deveria ser. Pode largar isso tudo. Deixe rolar: o que é, é. Viva a sua verdade, não a do outro. Você está aqui para viver você, na sua verdade, não na verdade do outro. Que coisa forte, minha gente!

...mãe é espelho de Deus

— Calunga, eu sou uma mãe que me preocupo muito com meu filho. Tudo na vida dele é tão difícil. Se for possível, dê uma olhadinha na casa dele. Se puder dar uma ajuda...

— Ah, minha filha, pode parar. Não faça essa choradeira, essa voz de piedade, essa voz de lamúria. Não se rebaixe desse jeito. A sua vibração é péssima. Está fazendo mal para o filho. Você está semeando tristeza e angústia na vida dele. Tire já essa vibração.

— Não é para...

— Vamos mudar de conversa. Vamos levantar essa vibração, porque você fica imantando seu filho com energia de angústia e tristeza. Você tem que deixar esse menino em paz. Vamos pôr o coração alegre. Entregue esse filho para Deus, de coração, com amor. Solte o peito e diga: eu estou em paz. É assim que você se levanta para mandar muita luz para ele.

— Se Deus quiser.

— Se você quis, Deus já quis.

É assim, minha filha. O quê? Você vai fazer essa choradeira, essa meleca toda em cima da desgraça dos outros para somar? Uai, largue a vida dos outros. Cada um tem um caminho. Larguem os filhos no caminho deles, minha gente. Vamos ficar atrás como um farol que ilumina. Não vamos seguir junto com eles na escuridão. Se eles estão entrando na escuridão é por escolha própria. Eles têm o direito de viver a vida deles e de descobrir por si as verdades da vida. São almas, são pedaços de Deus se descobrindo na eternidade.

Vai andar junto com o filho? Ele, na escuridão; e você, na amargura? E vocês ainda falam que isso é sentimento de amor? Não, isso não é amor. É desgraça. O amor é um farol seguro. Um peito de mãe tem que ser firme que nem uma rocha, mas uma rocha de cristal, um brilhante duro que nada quebra, mas que brilha constantemente à luz da confiança. Mãe é espelho de Deus. É através dela que Ele reflete a sua vontade protetora, a sua lembrança de vida. E o peito da mãe é só um espelho do desejo divino. Isso que é mãe.

Abra esse peito e vibre a luz, com confiança nos desígnios de Deus, com confiança que a vida protege a todos, mas tem que deixar todos viverem as suas experiências. Vamos somar, vamos imantar nossos filhos de coragem, vamos imantar de luz, de alegria, de esperança. Ele tem que olhar para você e encontrar um sorriso, uma palavra de apoio, uma alegria:

— Não, meu filho, não se preocupe com isso. Tudo dá certo na vida. Vamos levantar.— É disso que ele precisa. Não precisa de mais nada, precisa só de luz.

Agora, essa cara triste, melancólica, preocupada parece de um obsessor reencarnado. Quem sabe não é a sua energia que o está destruindo, porque ele, muito imprudente, está deixando que, ao procurar apego no aconchego, a sua energia o vá derrubando. Às vezes, o filho não é maduro para se impor e entra na energia dos pais, da família que o derruba.

Vamos levantar, minha gente. Não se escore na vibração de ninguém. Escore-se na luz de Deus. Isso, sim. Deus no coração. Diga comigo: eu tenho Deus no meu coração. É Nele que me escoro, não no ser humano, que é falho, que é igual a mim, mas me escoro no coração de Deus. Eu sou esse espelho para Ele. Deixo-O refletir. As forças ocultas da vida me apoiam e é nelas que eu fico. Vamos vibrar isso e transformar nossa atitude negativa em atitude positiva, em força e firmeza. E a segurança de que nessa firmeza paire o que é mais verdadeiro em nós. Ao filho se dá todo o tesouro. Ai daquele que não der todos os seus tesouros aos seus filhos, porque eles desaparecerão. Os tesouros do coração só podem brilhar se forem doados.

O coração, na verdade, é uma grande luz que reflete Deus. E Ele precisa de espaço para viver, mas espaço de coragem, de confiança. Porque Deus, para lhe dar o melhor que Ele tem, só precisa que você confie. Confiar é criar um fio de luz e de segurança no Senhor.

Uai, minha gente, hoje estou falando que nem protestante, mas também está bom.

Estou falando com fé, com força e com coragem, mandando vocês repetirem para a gente ficar firme. Eles também têm muita força, muita coragem. É um povo muito bom o protestante e que ajuda verdadeiramente as pessoas a ser fortes e corajosas, a enfrentar a vida com dignidade. Não estou aqui para questionar as verdades dele. Mas o resultado do trabalho dele é muito digno de respeito e de admiração.

É isso o que sinto no meu coração, que tem respeito e consideração para dar. Por que não vou dar? É de graça. Veio de graça e de graça eu dou. E quem sou eu? Nada. Não é melhor não ser nada? Cada um é um fenômeno que resolveu pôr nome e botar panca. É melhor mesmo não ter nome — que nem diz a música que vocês cantam — sem lenço nem documento, não ter nada. Lenço ainda precisa para assoar o nariz; é melhor que documento, que não serve para nada.

E a gente vai assim pelo mundo afora, confiando que a nossa corrente de força e de confiança vai crescer. Que ela cresça forte com a nossa energia para poder levar toda a ajuda que tem que levar a este país. Esse é o nosso modo de cultuar a religião da vida.

...sem amor, não há vida que preste

Na verdade, está tudo muito bom. É uma pena que, às vezes, a pessoa não sabe olhar o melhor. Tem gente que está tão viciada a já procurar o pior na vida dela que tem um medo grande de acreditar no melhor e de sentir que o melhor pertence àquele que se dá o direito, que se dá a luz interior. Acredita na ilusão do pior e, com isso, acaba danando a sua vida cedo ou tarde, caindo na depressão, caindo no sofrimento.

Se a gente pudesse, mudava o povo todo para que ninguém mais sofresse. Mas isso não depende de nós, não depende nem de Deus, porque Ele lhe deu o livre-arbítrio. É você quem vai decidir onde pôr o seu pensamento, no que dar importância, se põe a sua fé numa coisa boa ou numa coisa ruim. É você quem vai discernir, quem vai aprender e desenvolver o conhecimento através dessa aprendizagem, daquilo que é verdadeiramente bom.

Há pessoas que já chegaram a isso. Têm nelas esse discernimento, conquistado através do seu trabalho interior, da sua fibra. Não aceitam mais a visão negativa. Na vida afetiva, elas só pensam no amor e vivem no amor. Vivem a bondade e procuram olhar para as coisas boas da vida. Com os parentes, elas só procuram as ligações bonitas, só procuram o lado bom do parentesco. Vibram bem com os pais, com os filhos, com o esposo. Acreditam nos laços de família. É a pessoa que ama e, por amar, seu peito está cheio de vida e sua vida está cheia de amor. Isso é uma beleza!

Tem muita gente assim, tem. Gente que não se impressiona com os negócios de dinheiro, com os problemas da vida, gente que toca para a frente, procurando participar de uma forma positiva. Gente que não se deixa consumir com os pensamentos em volta, com as confusões de ideias, com as notícias. Como é bom ver gente assim, apesar de o mundo ser tão conturbado. Na verdade, o mundo sempre foi conturbado. Sempre teve crime, crueldade, guerras, doenças. O mundo sempre teve problemas, porque o homem insiste em olhar para as coisas ruins.

O homem insiste em não fazer o bem, embora espere o bem como resposta.

E quando não vem o bem, ele piora. Até perceber que por ali não pode ir, que tem de mudar de caminho. Pois se ele quer o bem, tem que plantar o bem.

O bem todo mundo sabe o que é no coração. O bem faz bem para a gente. O bem nos dá alegria quando é praticado e qualquer um sabe o que dá alegria, do que gosta. E a gente está aí nesse pensamento, na expectativa de que você consiga dar a volta por cima. A sua cabeça está cheia de desamparo, as suas escolhas o foram levando por um caminho obscuro, mas você não pensa que isso foi você quem fez. Você diz:

— Ah, a vida que é amarga. A vida que é complicada, difícil.

E não percebe que foi você quem foi se complicando, complicando, pouco a pouco, e, dia a dia, foi abandonando a sua fé, a sua alegria de jovem. Foi abandonando a sua

despreocupação, a sua confiança em Deus e ficou na mesquinhez mental, no pessimismo e no sofrimento de uma amargura intensa.
É uma pena, pois se eu pudesse lavava o seu peito, mas eu não posso. Você chora, pede a Deus que o ampare e que lhe dê aquela força, mas Deus, meu filho, já lhe deu tudo. É você que fica amarrando a sua vida, encavalando, tentando sempre olhar o pior em você.
Uai, minha gente, como isso é problemático. Quanta gente olhando o pior em si, reclamando do corpo, tendo vergonha de si, querendo ser o que não é, botando panca, em vez de viver no sossego, de se dar a paz e se dar o amor. Ah, não tem jeito, não, minha filha. Vou falar tudo de uma vez só, vou dizer mesmo para você. Sou defunto, acho que eu venho aqui para dizer essas coisas e vou dizer mesmo:
— Sem amor, não tem jeito. Esquece. Não há vida que preste. Então, se você está aí nesse desassossego, lhe falta amor.
Vocês pensam que se preocupar com filho, se preocupar com marido, se preocupar com dinheiro, ficar nessa preocupação, nesse tormento mental com esse peito fechado, amargado, ruim, nervoso, irritado, vai trazer o quê? Vai lhes trazer algum proveito? Vão conseguir o quê, além de cansaço e sofrimento? Vai conseguir nada, não, minha filha. Não vai ter paz de coração, nem de mente. Não vai ter paz na sua vida, não vai resolver nem os seus problemas familiares nem seus negócios.
Por que você escolheu a aflição e o desespero? Por que você tem tanto medo? Você não se acha digna do melhor? Será? Lá no fundo mesmo, você não acredita no melhor. Você não acha que é boa. E como pensa que não é boa, não se acha digna do melhor. Todo mundo tem reclamação a fazer. Todo mundo amargado joga a reclamação em cima dos outros:
— Você é egoísta. Você é ruim...
O povo fala muito mal na frente e nas costas. Fala. A pessoa amarga distila o veneno, o fel dela na palavra, criticando o outro:

— Olha a roupa desse. Olha o cabelo daquela, que infeliz.

E ela reclama que todo mundo é sem-vergonha, porque ninguém quer fazer nada direito. E todo mundo joga mesmo o amargor para fora, infestando a atmosfera dele e dos outros que estão em volta, na mesma faixa, porque são todos iguais. Aí começa aquele intercurso de amargura. Essa energia vai circulando no ambiente, na casa, no trabalho, na rua. Começa então a lidar com a loucura do povo que passa a perder o critério: quer assaltar, quer matar, quer roubar, quer desesperar, quer aumentar os preços feito louco. Todo mundo começa a ficar louco. Dá um trabalhão para si próprio.

Você vai perceber que isso tudo é indisciplina do ser humano, dessa mania de achar que não é perfeito, que Deus o fez imperfeito. E se o fez perfeito, ele se estragou inteiro, o que é a mesma coisa. Esse povo fica na amargura, achando que não merece coisa melhor. Então, não pensa o melhor, não faz o melhor. Inibido, não deixa o seu coração tomar a frente. Aí, então, é a calamidade, os caminhos fechados, a doença, a preocupação. Você não ama mais, você se preocupa com os filhos, se preocupa com o marido, se preocupa com você. E isso não é amor.

Onde houver preocupação, não tem amor, não tem.

Pode consultar o seu coração e vai ver que está fechado, está doido, está amarrado com as preocupações. Então, para quê, minha filha? Onde você pensa que vai com tudo isso no peito? Se você não souber se elevar, vai sofrer as consequências negativas da sua ação. Não sou eu, não é Deus, não é seu mentor, não é quem quer que seja que vai levantá-la. O poder está com você.

Se você se nivela por baixo, e daí? Geralmente, quando a gente se queixa de alguém ou de alguma coisa é porque é igualzinho. A gente está se igualando, se fazendo de vítima para se tapear que é melhor, mas não é. Você é igualzinha àquela pessoa. Então, minha filha, você se iguala por baixo. Você não se dá o melhor, não, não dá. Então se você resolveu ser ruim, malvada, malvado, pessimista, revoltado, vingativo, cheio de ódio, uai, é uma escolha. Você tem direito, mas você vai amargar as consequências. E não pense que o anjo da guarda vai proteger, que a natureza vai correr a seu favor. Se você está decidindo que esse é o seu caminho, ela vai respeitar, como respeita o caminho de qualquer um.

É quando a calamidade vem bater à sua porta, a doença ou o acidente, a situação terrível, irreversível, aquela situação que a gente, às vezes, vê na vida do outro e não entende por que essa pessoa tão boa está passando por esse pedaço, por esse sofrimento. Não entende por que uma criancinha tão pequena, tão ingênua está passando por esse sofrimento. A gente não sabe o que ela já fez, o que plantou, por que não aprendeu a celebrar a vida. Não aprendeu e está com receio do melhor. Está evitando, está fugindo do melhor.

Chegou a hora de você pensar nisso, se está mesmo a fim de ser feliz e de se dar o melhor. É, minha filha, é o melhor que você pode pensar. É o melhor que você pode fazer por você. E o melhor que pode fazer com você é sair dessa amargura e preocupação e botar uma ideia feliz na cabeça. Aquilo que você não pode resolver, como os problemas dos familiares que você ama, tem que entregar na mão de Deus e não ficar nessa dúvida, nesse martírio que só soma mais aflição à situação. Você acha que isso é bonito? Acha que não pode controlar, é? Mas não pode!

— Ah, acho que isso, Calunga, é responsabilidade...

Que nada! Se você tem alguma responsabilidade com a pessoa não é a de ser inferior, mas a de usar o seu melhor, e não usar o seu pior. Pois com a justificativa de querer dar o seu melhor, você dá logo o seu pior? O que é isso, minha gente?

223

Então, a sua infelicidade é a sua comida e quem fez o prato foi você. Agora, na chance de mudança, precisa ter fôlego, ir lá no fundo de você para poder mudar. Pois ninguém vai mudá-lo. É você que vai virar a mesa, você que vai desabafar, você que vai empurrar para fora toda essa loucura do mundo. Você que vai dizer:

— Eu não quero ficar aqui na lama. Eu não quero. Não fui feito para ficar na lama. Eu sou obra da natureza. Aquele outro não está na lama e eu também não vou ficar. Vou me levantar. Vou me pôr para cima e, seja o quanto for que precise fazer de força, vou fazer. Não importa que tenha dificuldade, foi tudo eu que criei. Vou destruir tudo isso, vou destruir essa minha servidão a esse Deus de amargura, porque não quero isso, não. Quero o Deus de alegria e quero me levantar. Vou me dar um banho. Vou ficar cínico e vou cantar em cima da desgraça, vou tripudiar em cima de qualquer desgraça que esteja na minha vida. Vou entregar tudo na mão de Deus e vou cantar. Vou virar a mesa para nunca mais essas coisas ruins me pegarem. Não importa se estou doente, sem emprego, com problema de família, não vou mais deixar isso me pegar. Não importa. Alguma coisa de positivo vai ter que acontecer, porque eu não vou mais ser negativo. Eu não aceito a derrota, não vou ser mimada para ficar chorando feito boba.

Não adianta mesmo, porque Deus não escuta choro de ninguém. No ouvido de Deus tem um filtro. Pediu chorando, Ele nem ouve. Então, minha filha, pare com essa choradeira. Pare de obsediar os outros: me ajude, me ajude. Pare de infernar o mundo e jogar essa vibração na sociedade, nos seus parentes, em cima de você. Você é uma obsessora dos parentes, da sociedade.

Você fica falando de obsessor desencarnado que a persegue, de força negativa, mas com o que você joga no mundo, dia a dia, minuto a minuto, você espera o quê? Plantando vento, você sabe que só vai colher tempestade. Então, minha filha, se eleve. Só você pode elevar-se, ir acima da sua própria fraqueza. Ir acima da sua própria loucura. Mas se você quer enlouquecer, enloqueça de amor, de bênçãos, de alegria. Seja uma louca alegre, não uma louca depressiva. Não um louco perdido no mar de desespero, meu filho. Seja um louco perdido no mar da alegria, da risada. É preferível que você seja um irresponsável alegre do que esse responsável triste e obsessivo.

Está na hora, portanto, de você pensar seriamente no poder que tem de mudar a sua cabeça: se você quer ficar no pior ou se quer se dar o direito ao melhor.

...ofereça a sua vida a você

Que beleza a alegria de cada momento! O que é a vida senão esse monte de momentos? Viver o momento com tudo o que ele tem para lhe oferecer, sem pensar. Não pensar em mais nada senão na coisa que está à sua frente, naquilo que você está fazendo, prestando atenção de corpo inteiro; ser integral com esse momento, entregando-se para sentir as sensações. Que presente bom, se você se der a importância e o respeito suficientes para se oferecer assim mesmo sua própria vida, dedicar sua vida a você. Presente divino da natureza, os momentos!
Cada momento com suas coisas mais simples, mais vulgares, mais cotidianas. Que beleza você poder ser cotidiana, ser simples e vulgar com esta simplicidade. Que beleza você deixar os seus sentidos viverem com abundância o que existe no agora. Que prazer é viver assim, pois assim é o prazer da vida.
O prazer da vida é o alimento do espírito. O espírito se alimenta, minha filha, não é de preces, não é de religião, nem só de amor. O amor verdadeiro é se deixar amar. O se deixar amar é se deixar gostar. E se deixar gostar é gostar de cada momento, encontrando nele o seu melhor

pensamento, a sua melhor atitude, dirigindo a sua atenção para o atraente, para o melhor, para o mais bonito, para o mais eficiente e para o mais admirável.

Se você se der o prazer, vai disciplinando a sua mente a não se transformar num instrumento de sofrimento e dor, como ela é até agora. Você vai vencendo a ansiedade e a angústia, vai vencendo as expectativas, o criticismo, o julgamento, as ideias erradas, o medo, todas as desgraças. E, acima de tudo, vai matando todas as fomes que você tem de alma, de ser humano. As pessoas pensam:
— Puxa, Calunga, eu sofro muito. O mundo é terrível. As pessoas são muito ingratas, não ligam para as outras. As pessoas são agressivas e violentas, são indiferentes.
— Mas será que você não está falando das suas necessidades? Será que não é você que é violenta consigo, indiferente consigo? Será que não é você que não se deu a atenção devida? O que é, em poucas palavras, a gente dar atenção para nós mesmos?

Atenção para si é prestar atenção nas coisas, é senti-las de corpo inteiro a cada momento. Neste momento, você me ouve e nossa energia se entrelaça: há o seu interesse de ouvir e de aprender e o meu interesse de me repartir com você, de me expandir na sua atenção. O seu momento está cheio do que você está fazendo aí. O momento é o momento. E esse seu momento está cheio do seu corpo.

No seu corpo, há centenas de sensações por minuto, sensações que são vida. O pensamento quer levá-la para onde você não está. Levá-la para as fantasias, muitas vezes, mórbidas, esquisitas, destrutivas. Muitas vezes, leva ao delírio da divagação do impossível. No entanto, o seu corpo permanece ali, presente, firme, lembrando-lhe a realidade. Que o alimento diário é a realidade. São as milhões de sensações da luz, das pessoas, das coisas que você está sentindo, do que está fazendo.

Quando o pensamento se harmoniza com o presente, quando ele se integra, a inteligência nos ajuda a fazer a nossa vida melhor. Quando nós ignoramos o presente, o momento, as sensações e deixamos nossa cabeça funcionar, criamos a mente, ou a mentalidade, que são os monstros que nos perseguem. Se você quer melhorar a sua autoatenção, para evitar essa busca constante da atenção alheia, da dependência do outro, do carinho e da presença do outro, a custa de sacrifícios terríveis para você, se dê você a você mesma, dê atenção às suas impressões cotidianas. É tão simples, tão barato, tão fácil que basta apenas o seu capricho para consigo para que você melhore profundamente a sua qualidade de vida.

É um exercício porque você não está habituada a isso, está habituada a pensar, desfazendo-se dos momentos e a passar dias, horas e semanas longe dos seus momentos. No entanto, é necessário um exercício de atenção e persistência para restabelecer a sua relação com a vida, com o momento. Essa paz e essa satisfação geram em você a satisfação do futuro.

Portanto, namore os seus momentos!

*O valor que se dá à vida,
a vida retribui em valores.*

A vida traz coisas preciosas que para você terão grandes significados, seja o preenchimento de suas metas, seja o preenchimento das suas necessidades fundamentais, seja o carinho com que ela traz as coisas fáceis na nossa mão, a beleza dela. Você não pode ver a beleza, porque vê apenas a sua mente. Preso à mente, você não percebe os encantos da vida. Para você a vida é dura e difícil, uma luta constante que, na verdade, não passa de um tormento e de um pesadelo que você vive na sua cabeça.

O curso da vida continua como um rio que não pára. Continua sempre bonito, sempre farto, sempre estimulador e amoroso, porque somos os filhos da vida. E ela nos trata com imensos cuidados. No entanto, a nossa falta de vigilância, a nossa irresponsabilidade para com ela e para conosco nos leva a criar hábitos mentais que nos distanciam dos momentos. A dor e o sofrimento, portanto, são apenas os chamados da vida, o alerta para as sensações. Quanto maior a dor, mais estamos alienados de nós, da nossa verdade, dos nossos momentos. Portanto, a dor tem esse papel. Infelizmente, é o único que faz com que nós reacordemos para aquilo que somos, para aquilo que está acontecendo.

É muito fácil entrarmos na mente e nos fascinarmos por ela. Fascinarmos pelos pensamentos, pelas imagens, pelas projeções, arder em desejo. E o desejo é mais forte quanto maior for a nossa alienação de nós. Somos distantes das nossas verdades, somos distantes das nossas verdadeiras necessidades. Interpretamos as nossas necessidades da maneira mais absurda e transformamos as nossas necessidades em desejos e os desejos nos aprisionam nos impulsos enfurecidos que sempre nos levam a grandes decepções, a grandes mágoas, a grandes perdas.

Acordar para a vida verdadeira, acordar para a sua verdade a cada instante, ir fundo na percepção real de suas necessidades. Essa é a nossa meta, o nosso método, o nosso meio simples: atenção para si, atenção para suas sensações. Esquecer esse imenso poder que você deu para os outros e começar a reconsiderar-se, a olhar para si e a se dar o poder, o poder de estar em si, preencher-se, lotar-se. Esquecer o mundo e os valores que a sua mente lhe ensina: dar importância demais para os outros, da necessidade do outro, da necessidade das pessoas em volta de nós, do falatório com o qual a gente se perde tanto para ouvir o seu corpo que fala, para ouvir as suas sensações que lhe falam, para ouvir o que o seu íntimo lhe fala.

Em nós, o Universo habita. O Universo habita em cada casa interior. É ali que Ele nos ensina os mistérios da existência. Os sábios são aqueles que vivem da própria fonte interior. E todo mundo pode ser um sábio, sem jamais cursar uma universidade, sem jamais ir a uma escola, pois a escola da vida é o reconhecimento de que as verdades

estão dentro de nós. Este curso de aperfeiçoamento interior é você mesmo que se dá, se sentir que tem verdadeiramente a coragem de sair da sua mente e cair no seu coração. Ali, no interior, fala a voz daquele ser no seu peito que quer e que precisa apenas da sua atenção, apenas da sua confiança em si para brilhar e gozar as delícias da sua vida hoje. Pois a sua vida está cheia de coisas hoje que você não está vivendo.
Não precisamos, portanto, sofrer e lutar para conquistar a paz. Não precisamos do sacrifício e da mortificação a fim de que encontremos a bênção do Poder Universal no futuro, porque Ele lhe abençoa hoje. Sua bênção está aqui agora. O pão que sacia a fome do espírito está na mesa. É você que não olha para ela. O seu banquete é agora. Seu banquete é neste instante. Por que você não relaxa no instante? Relaxe da sua mente, relaxe dos seus delírios do passado, das angústias do futuro e relaxe neste instante. Fique com este instante, abrace-se no instante. Deixe penetrar em você as vibrações da vida no fluxo constante de suas transformações. Vamos, é tão simples!

...valorizar-se

Temos a necessidade de oferecer para nós e para o mundo o nosso melhor. Isso é nos valorizar. Oferecer para o mundo o seu melhor trabalho, a sua mais ampla paciência possível; oferecer para o mundo a sua maior boa vontade, o seu amor, seus dons de trabalho, sua inteligência, a sua perspicácia; oferecer enfim o que você tem de melhor também a si mesmo: a sua compreensão, o seu amor, o seu respeito e, principalmente, a sua coragem, no sentido de acreditar e de pensar no melhor. Mas, às vezes, você tem medo:

— Ah, Calunga, se eu ficar pensando no melhor, vou esperar o melhor. E se ficar esperando e o melhor não vier, vou ficar profundamente desiludida. Então, evito esses pensamentos, porque não quero sofrer desilusão.

— Uai, minha filha, você não quer passar um minuto ou dois de desilusão que, porventura, poderia acontecer, para ficar o tempo todo desiludida? Ó burrice, como é que faz? Tem água de coco na cabeça? Uai, minha filha, não, é preferível ter esse minuto ou dois de desilusão, que nem foi tão grande assim como você pensou, a passar a vida inteira desiludida e pessimista. Que coisa! Que povo que pensa mesquinho!

Então, vamos pensar o melhor, mas não vamos ficar esperando, esperando, esperando. Pensar o melhor não é ficar na espera:

— Ah, porque vai acontecer isso. Ah, porque vai acontecer aquilo...
Quando fica assim, você está dizendo que o presente não é bom. Fique no presente com o melhor pensamento. Aproveite o seu dia a dia com o melhor que você tem, com a sua alegria, com o seu amor, e deixe o futuro na mão de Deus, que Deus dará. Se você está positivo, só pode gerar o positivo. Que coisa!
Não tem justificativa para a maldade, não. Maldade que é para se defender contra outra maldade só pode levar à maldade. Só o bem apaga o mal. Só o bem, só o pensamento positivo e a fé podem apagar essa situação terrível que você formou dentro de você. Então, não procure desse jeito que você vai achar, viu? Estou falando para ver se você acorda.
Gente, como a vida de vocês aí é boa. Vem o fim de semana e vocês todos vão para a praia enquanto nós, aqui, ficamos só no trabalho. Uma vai para o sítio, a outra fica em casa, lendo, ouvindo música. Passa oito horas por dia e tem uns aí que são dez a doze horas por dia dormindo, descansando. E outra parte do dia, vocês assistem à televisão, conversam fiado com a vizinha, com a empregada, com quem quer que seja. Aí, um pouquinho, vocês trabalham. Uai, ainda reclamam. O que é isso, minha gente? Vocês não têm nem o direito.
Essa preocupação que vocês têm na cabeça, isso aí é loucura. Não justifica. É vida boa que vocês têm, sempre com sol. Vocês pensem bem no que estão fazendo com vocês nesse mundaréu que é o Brasil, sem fim. O Brasil não tem fim. Se tem dos lados, nas fronteiras, não tem para cima. Para cima, então, o Brasil não tem fim. O céu do Brasil é tão imenso. Vocês têm essa imensidão de coisas para fazer, para ver, para conhecer. O que tem nessa terra, vocês não fazem nem ideia!
Pois vocês não saem da frente da televisão. Não saem para andar por aí, para ver como é. Se andar, minha filha, você vai ver que tem de tudo neste país, tudo quanto é tipo de bicho, até os que não são nativos. Tem tudo quanto é tipo de coisa, tudo quanto é tipo de gente.

Você já viu o que tem de livro? São bilhões e bilhões de livros que tem neste país. Quanta vida para viver e você fica fazendo o quê, aí? Mesquinhez é o nome disso. A gente fica mesquinho, com uma vidinha pequena, com medo de tudo, de tão pessimista. Não sai na esquina de medo de ser roubada pelo ladrão. Uai, minha filha, o ladrão é gente que nem você. Claro, o ladrão também serve a Deus. Tudo serve a Deus: formiga, verme. O ladrão também.

Uai, não estou defendendo o ladrão nem o ato do roubo, porque, quando a gente é roubado, sabe o quanto isso é terrível. Mas também, minha filha, o que você quer? Se você é "roubável", vai sempre aparecer um. Se não é um ladrão, porque você não sai de casa, são as entidades inferiores que vão achá-la, onde estiver. Dessas você não sabe se esconder. Vai ter companhia para abusar de você, se for uma pessoa "abusável". Você diz:

— Ah, não saio porque o ladrão pode abusar de mim...

Aí o filho abusa, o marido abusa, todo mundo abusa de você porque é boba. Uai, também estão roubando. Você mesma abusa de si, se põe lá embaixo.

— Tenho a síndrome do pânico — você diz.

Agora tem nome moderno para o medo, para a depressão, para a covardia. Na minha época, não se falava em síndrome, diziam:

— Ela é covarde.

Inventaram que é uma doença.

— Ah, Calunga, mas é uma doença. Não tenho culpa.

Por que você está covarde aí dentro de casa? Por que está assim com problema? Por que você queria ser o que não era vaidosamente e se mimou e se superprotegeu dos contratempos da vida e se deu com as caras no mundo. Então se escondeu aí de covardona, com a desculpa de que o seu pensamento a pega, de que não pode fazer nada, é? É mais confortável do que enfrentar sua loucura, seu pessimismo. Uai, tudo é escolha. Você escolheu assim, que Deus te abençoe! Um dia, você vai ter que sair disso com a própria força. Fortinha ou não, não importa. Vai morrer e continuar louca até o dia em que você fizer força. É, sim, filha. Não tem jeito, não. Você arrumou problema e agora vai ter que desarrumar.

Mas a vida é boa. Você escolheu o seu caminho assim, vai ver que é porque gosta. Achou que era bom. Mas bom mesmo é bater perna, para lá e para cá.

...mediunidade é dom de Deus

A vida sem alegria, sem satisfação, não vale a pena. Não sei onde vocês arranjam cabeça e ideia para evitar as coisas boas:
— Ah, isso não pode. Isso é perigoso...
Inventam todas essas bobagens e ficam impedindo vocês de fazer o que gostam, de conversar com quem gostam, de seguir o caminho que sentem no coração, de mudar esse caminho quando veem que é necessário. Vocês ficam confusos na cabeça, em vez de ir para o coração. A cabeça é louca.
— Tenho umas sensações estranhas. Às vezes, me arrepio inteirinha.
— Olhe, minha filha, você é médium. Se for para o psiquiatra, ele vai deixar você louca. Então, tome vergonha e aceite a sua mediunidade, senão você não vai melhorar. Eles não sabem o que é isso. Eles olham e dizem:
— Essa aí está psicótica. Vamos dar remédio para ajudá-la. Fazem o melhor que eles sabem.
— É, o remédio me levanta mesmo.
— Levanta, porque deixa você desligada do mundo. Assim que volta, daqui a pouquinho, pegam você outra vez. Se pára de tomar o remédio, as entidades pegam.

235

Então, acabou, minha filha. Se não tratar da mediunidade, vai ficar viciada em remédio.

— Essa segunda vez que fui ao centro me senti tão mal. Tive alucinações.

— Minha filha, você está recebendo assistência. Tenha paciência.

Não adianta. Estou falando que é mediunidade e ela responde: "Ah, tive umas alucinações". A pessoa enxerga a vida como ela quer. As pessoas são tão fechadas que querem continuar naquilo. Não querem fazer a renovação que precisam. Já passou no centro, ajudaram. Já passou outra vez, ajudaram. Mas de que adianta ajuda quando a pessoa não faz as modificações necessárias dentro dela? Ela tem o fenômeno de hipersensibilidade. É médium. Nasceu assim porque isso é uma coisa dela com Deus. Não fomos nós que fizemos. Não foi o espírito que fez a mediunidade em ninguém. Foi Deus quem fez. Goste ou não goste o povo, goste ou não goste a medicina, gostem ou não gostem os padres, os protestantes. Eles têm o direito de ver a vida como querem. Mas a vida continua fazendo a mediunidade desde que o mundo é mundo. Ela continua fazendo nascer pessoas com qualidades especiais. É o ser humano que fecha os olhos e que não quer aprender que deve fazer o seu estudo e conhecer o assunto.

Para ser médium, você não precisa ser espírita, não precisa ter religião nenhuma. Se você não gosta de religião, não precisa. Mas tenho certeza de que quando você for estudar esse fenômeno seu, vai destruir a sua religião. Pois ele vai mostrar que muita coisa que a sua religião está dizendo é mentira. Então, você fica com medo de largar tudo e quer fugir. E aquilo vai complicando, complicando, e vira uma doença. Aí, todo mundo fica dizendo que médium é louco. Não é nada disso, não. A faca não é assassina, é só um instrumento. Depende de como você a usa.

Mediunidade requer estudo, conhecimento para você saber como lidar com isso. Pois está aí, desde que o mundo é mundo. Agora se você se recusa a conhecer porque não aceita e acha que é isso e aquilo, então o que acontece? Vai passar por essas experiências de sofrimento até ceder ao que a vida está exigindo de você. Nós estamos aqui para ajudar e explicar essas coisas, mas não podemos mudar a natureza humana. E se não fosse a mediunidade, eu não estaria conversando com vocês. Se não fosse o meu menino que tivesse estudado, se orientado e me dado esta oportunidade por bondade dele, eu não estaria aqui. Então, é dom de Deus, sim, senhor. Você pode ter a crença, a religião que quiser, mas que mediunidade é dom de Deus, isso é. Esta coisa maravilhosa que possibilita a ligação entre duas dimensões, mostrando que a vida é ampla e infinita, a prova viva da imortalidade do homem. Uai, isso é mais do que sagrado. Então, faça o favor de respeitar essa sensibilidade em você, educar, compreender, ler sobre o assunto, fazer curso para não ficar nessa desorientação, de achar que o que está acontecendo com você é loucura e ficar se viciando em psicotrópico. Você tome cuidado, minha gente, porque esses casos são um atrás do outro nessa sociedade. Mas tem melhorado, porque o povo tem ficado esperto.

...seu poder de escolha

A gente dá muito interesse às coisas sem importância.
— Uai, o que é sem importância, Calunga?
Sem importância é a sua preocupação com o futuro. Isso não interessa. A sua preocupação com a vida dos outros também não interessa, porque você não é os outros. Você é metida. Muitas das vezes, você é indisciplinada e, mascarando de caridade, se mete na vida dos outros, porque quer orientar, fazer justiça, ficar com pena, se condoer, se envolver e se preocupar, se "dolorir". Não sei se existe isso, mas é um modo certo de dizer. É provocar dor em si mesmo por causa dos outros.
A natureza é sábia. Ela não lhe deu nenhum neurônio para sentir a dor do outro, só para sentir a sua. Portanto, ela já foi clara ao dizer: cada um tem a própria alegria, cada um tem a própria dor, o próprio sonho, a própria força e a própria vontade. Cada um tem o próprio mundo e cada um está ligado a si mesmo. O outro é o outro. Mas parece que nós não gostamos disso.
— Ah, não, Calunga. É meu filho, meu marido. É minha mãe.
Como se estivessem ligados pele com pele. Mas se ainda não reparou, faz muito tempo que você cresceu e não está mais ligado à mãe. Isso tudo é uma realidade, por que não respeitar isso? A gente na cabeça não respeita, não.

Fica se envolvendo com problemas que não são nossos. É uma pena, uma lástima, porque a beleza da vida está aí. Está aí você com as pernas boas para andar por aí. Mas você fica aí, amarga com os problemas, preocupada com o que vai fazer com o amanhã que nem chegou ainda. Não sabe nem como é o amanhã, mas fica aí preocupada.
Acho que é relaxamento. Acho que você é uma pessoa relaxada, se me permite dizer, sem querer depreciá-la, mas a verdade é a verdade. Também não vamos ter vergonha da verdade. Está na hora mesmo de a gente tomar vergonha na cara, de crescer, de olhar para nossos problemas e tomar jeito na vida. Se vai ficar se enrolando nesses problemas antigos, não tem mais jeito. O mundo está mudando e você fica aí com esses problemas antigos?
Ah, minha filha, não tem esse negócio. Na verdade, acho que a coisa é assim: a gente tenta uma, duas; na terceira vez, se não conseguir, tem de parar para mudar de caminho. E cada um vai para o seu caminho, porque não dá certo, não. Mas o povo não quer compreender que os outros têm o direito de ser como são, de agir como querem.
— Ah, mas não gosto, porque está me prejudicando.
— Uai, então por que você está ligado com essa pessoa? Saia, minha filha. Vá se ligar com gente que é boa para você.
— Ah, mas porque é minha mãe, minha esposa.
— Uai, a gente vai até onde dá.
— Ah, é meu carma.
— Não tem, não.
— Ah, mas Deus quer assim.
— Não, Deus não quer. É você que quer, porque acha que está certo, acha que é assim. Deus deu perna para andar. Então, você pode muito bem usar o seu livre-arbítrio para andar por onde quiser. Deus lhe deu a boca para falar, então você pode muito bem falar o que quiser, porque Ele não está lhe proibindo nada. Deus deu a capacidade para você escolher. Até onde você consegue escolher é da sua alçada:
— Fico com ele ou não fico com ele? Eu me irrito tanto com ele que estou cheia de problemas no meu

239

corpo. Não aguento mais ele. Há dez anos que a gente briga. Há dez anos que essa vida é um inferno. Tenho tentado de tudo...
— Uai, você fica nisso porque quer. — Eu falo mesmo, minha gente.
— Mas você é a favor da separação, Calunga?
— Não sou, não. Vocês que já se separaram. Por que fica aguentando se já separou? Não é verdade? Aí, sou a favor mesmo de tomar a posição de corpo inteiro, aquela posição que você já tomou, uai. Eu preferia que todo mundo se desse bem e acho que todo mundo também prefere. Seria bom. Note bem, é condicional, não é a verdade. Não tem que ser, porque às vezes a gente não combina mesmo. São pessoas diferentes, sentimentos diferentes, experiências diferentes, caminhos diferentes. Uai, minha filha, ninguém está grudado, não.
— Ai, mas eu tenho medo. Ai, mas eu vou ficar sozinha, ai mas isso...
— Tem muito ai, porque você é mimada mesmo. Então, você vá aguentando.
O que dá problema não é a gente ficar junto nem separar. Se você separou e se livrou daquilo, foi porque separou com a cabeça, separou com o coração e com o corpo. Tudo bem, se você fica junto e aceita incondicionalmente a pessoa:
— É assim, assim que é. Eu que fique na minha e a pessoa na dela, também vou aceitar.
— Então, está bom. Você vai sossegar e ficar bem. Agora, vocês ficam em cima do muro:
— Eu vou ficar, mas eu não aceito. Eu vou ficar, mas vou combater. Eu vou ficar, mas vou mudar a pessoa. Eu vou ficar, mas vou me forçar a mudar.
— Vocês querem guerra, querem conflito, querem mesmo dor. Ah, minha filha, então dói. O corpo é seu, a cabeça é sua, a vida é sua, doa o quanto quiser. Agora, não venha me dizer que é Deus quem quer, porque Ele não quer, não. É coisa sua, vocês que escolhem, porque Deus já deu o arbítrio.

Quando Ele dá o arbítrio, diz: isso é problema de cada um. No que Deus não deu o arbítrio, isso é problema Dele. Ele não deu o arbítrio, por exemplo, para você controlar o seu coração, os processos químicos do corpo, então, isso Deus cuida. A menos que você faça muita coisa que venha a atrapalhar e Ele vê que não consegue cuidar direito, porque você está interferindo, criando doença. Então, paciência, porque Ele sabe que você pode criar a doença como pode criar a cura. Mas Ele está fazendo a parte Dele direitinho. Das coisas que Ele criou, que estão na mão Dele, Ele vai cuidar. As outras é você que tem que cuidar, porque estão nas suas mãos.

Mas que mundo bom esse, não gente? Que mundo de luz, de muita justiça. Eu me admiro não da justiça dos homens, estou falando da justiça da vida, dessa que põe as pessoas certas junto, que põe na nossa frente sempre os outros que são um espelho do que a gente não quer ver, procurando nos fazer ver para crescer e progredir. Ah, que bom este mundo cheio de opções, moderno!

Que vontade de estar aí vivendo na matéria. Que coisa boa estar aí. Depois, você pode dizer que esqueceu de tudo e fazer como quer. Que bom fazer como quer, mas também tem sua ciência. Pois se for assim meio bobão, vai fazer as coisas e se machucar. Então, a gente vai fazer o que não machuca, pois se divertir também tem sua ciência.

...para sair do mais, só sendo menos

— Eu entro muito fácil em depressão, em insegurança pessoal. Já perdi vários empregos — diz um ouvinte. — Tenho 45 anos, sou engenheiro com mestrado no exterior, mas sempre encontro dificuldades no trabalho. Já perdi vários empregos.

— Você está impotente, ou seja, está bloqueado e impotencializado. Tem sentimentos de depressão, de menos valia, deve dar desinteresse, falta de ânimo. Às vezes, tem uma irritação muito forte por tudo, não é verdade?

— É isso.

— Tem muito ego, você tem muito orgulho. Vou falar bem sério, mas com carinho, porque não estou querendo ofendê-lo. Olhe, meu filho, é muita mania de grandeza, muita panca. Você quer ser muito grande, porque acha que isso é ser o seu melhor. Acha que isso é impor respeito aos outros. Acha que tem que ser um homem na frente dos outros, de certo modo. Acha que não pode errar, que tem que ser perfeito. Você é muito crítico, muito exigente, e assim vai fazendo da sua vida uma desgraça. Embora, você seja um moço talentoso, porque sempre se esforçou para ser preparado e, obviamente, você tem talento, mas isso não o faz melhor que ninguém. Pois se você se puser muito lá

em cima, vai acabar onde você está, lá embaixo. Então, está errado.
Tudo o que é depressão, que é menos é porque a gente está se pondo muito alto. Se a gente acaba se pondo muito alto, sai do menos. Para você sair do menos qualquer coisa, menos oportunidade de trabalho, menos ânimo, menos alegria de viver — e, daí, mais depressão —, você tem que sair do mais imaginário, do mais mental, do mais orgulho. Só assim você se equilibra. Se você disser:
— Ah, sou só uma pessoa neste mundo. Está tudo bom para mim. Qualquer serviço está bom, não tem que ser do jeito que eu quero. Do jeito que dá, está bom. Agora, é claro que eu tenho certo conhecimento técnico, certas coisas na vida que tenho que respeitar e, por isso, não pode ser de qualquer jeito, senão fica avacalhado. Mas eu não sou muito exigente com o povo. Meu chefe grita muito. Ah, mas deixa gritar, ele gosta. Fica fazendo ginástica com a garganta, não vou me tocar com isso.
A gente é pequeno, mesmo. É comum e assim não tem muita panca. Você vai ver que se dá bem com qualquer um. Converse com qualquer um. Saia dessa panca que você é especial, que tem nível, porque estudou. Sua carne vai apodrecer como a do outro. É tudo igual, meu filho. Não entre nessa ilusão que o põe num lugar muito alto, ilusório. Primeiro atrapalha sua carreira, seu relacionamento humano; depois o joga lá embaixo, porque fecha muito seus caminhos. Então, pare de se meter na vida dos outros, não critique mais ninguém, não se critique. Vá pela vida meio perdido, despreocupado com o seu desempenho. Vamos indo para a frente, vamos tocando.
— Ah, não vou ficar com muita frescura. Não quero fazer panca de que sou educado para ninguém. Sou educado quando sou.
Não tem que falar palavrão só porque os outros falam e nem tem que fazer panca de educado porque os outros o são.
— Sou do jeito que eu sou. Também não quero ser mais importante na vida. Quero é viver bem. Quero fazer os negócios de que gosto, ter minha vida. Não faz mal

se alguém não me achou muito importante. Não faz mal se meu português é meio errado. Não sou metido, sou meio largado, meio pequeno. Depois eu sei que, sendo pequeno assim, Deus em mim se acende completamente. Deus é uma força a me trazer proteção, oportunidade, dinheiro, tudo.

Quem é milionário não se faz de importante. Os homens mais simples do mundo são os mais ricos. São porque comem sanduíche. O povo é que fantasia que eles são metidos. São simples, eles não se acham importantões, mas eles trabalham. A cabeça deles é boa e Deus os ajuda, então acabam ricos. Esse é o segredo dos verdadeiros grandes homens. Eles mesmos sabem disso.

Podem estar cheios de dinheiro, de posição e não estão nem ligando para isso. Sabem que a posição é uma questão técnica de trabalho. Posição é só função. Não é importante se você é o chefe ou não. Todo mundo trabalha. É uma divisão do trabalho: um faz isso o outro faz aquilo. Não é porque você é muito competente que é mais importante, não é não. É uma questão de capricho, porque você quer fazer a sua vida gostosa. Então, diga:

— Qualquer cargo está bom, desde que eu esteja fazendo o que eu gosto, que eu possa crescer, que o trabalho me interesse, me motive. Já está bom. Eu posso fazer de tudo na vida, desde pintar casa. Posso fazer tudo, porque tudo é interessante. É só um modo de viver.

Lembre de você quando criança, interessado em tudo. Não era metido. E vai perceber que é muito melhor ser assim.

...tudo pelo melhor

Você já viu como tem gente boa neste mundo? Nossa, que coisa boa, não? Quanto sucesso. Mas quanta gente vivendo bem, se vestindo bem, comendo bem, trabalhando, tendo filhos bem. A maioria tem filhos saudáveis. Não é rica a vida? É, um ou outro tem filho com problema. O resto tem filho saudável. A maioria do planeta está saudável, está.

Tem sempre um pessoal que procura ver o lado pior, mas eu não vejo isso, não. Quando falo das coisas ruins do ser humano é na tentativa de tirar aqueles que estão na ignorância, mas há os outros que não estão na hipnose, que é a maioria, comendo essas laranjas bonitas. Minha gente, quando eu estava aí, laranja era uma coisa pequena, horrorosa. Eu lembro, sim, não faz tantos anos assim. Só um século, cem anos é pouco. Não tinha nada disso: maçã, uva. As bananas-maçã eram todas empedradas. Tinha abacate, manga doce, jabuticaba. Mas tudo pequeno, meio mirrado. O boi era meio magro. Se queria banha, tinha de ser de porco mesmo. Hoje tem todo tipo de banha: vegetal. Só tinha manteiga na minha época, agora vocês têm margarina. Que mundo rico!

—E pão? Uai, pão tinha que fazer e levava uns dias. Hoje você vai na padaria e tem mais de cem tipos de pão, de tudo quanto é gosto. E, às vezes, o trigo era caro, porque não havia no Brasil, era importado. Hoje tem de tudo,

245

tem vinho. Meu Deus, que mundo rico. Hoje, vocês comem frango todo dia. Prontinho, vai lá, pega e come. No meu tempo, para comer tinha que matar. Ia no galinheiro escolher o que iria fazer, já bem cedo. Acordava cinco horas da manhã para matar frango e ver se podia cozinhar para o almoço. É, minha filha. Você já imaginou? Levantando às cinco, descendo lá embaixo do prédio, abrindo o galinheiro para matar um frango e fazer uma canja. Você já imaginou? E vocês ainda acham que o mundo não melhorou? Uai, como é que não melhorou? Hoje mata tudo automático, na máquina. Pelo menos é melhor do que ficar puxando o pescoço da galinha às cinco horas da manhã. Não é nada agradável. Não é não. E a vida está boa, pois tudo está fluindo para o melhor.

Se você quer o melhor, faça tudo pelo melhor!

GRANDES SUCESSOS DE
ZIBIA GASPARETTO

Com 19 milhões de títulos vendidos, a autora tem contribuído para o fortalecimento da literatura espiritualista no mercado editorial e para a popularização da espiritualidade. Conheça os sucessos da escritora.

Romances
pelo espírito Lucius

A força da vida
A verdade de cada um
A vida sabe o que faz
Ela confiou na vida
Entre o amor e a guerra
Esmeralda
Espinhos do tempo
Laços eternos
Nada é por acaso
Ninguém é de ninguém
O advogado de Deus
O amanhã a Deus pertence
O amor venceu
O encontro inesperado
O fio do destino
O poder da escolha

O matuto
O morro das ilusões
Onde está Teresa?
Pelas portas do coração
Quando a vida escolhe
Quando chega a hora
Quando é preciso voltar
Se abrindo pra vida
Sem medo de viver
Só o amor consegue
Somos todos inocentes
Tudo tem seu preço
Tudo valeu a pena
Um amor de verdade
Vencendo o passado

Sucessos
Editora Vida & Consciência

Amadeu Ribeiro

A herança
A visita da verdade
Juntos na eternidade
Laços de amor
Mãe além da vida
O amor não tem limites
O amor nunca diz adeus

O preço da conquista
Reencontros
Segredos que a vida oculta vol.1
A beleza e seus mistérios vol.2
Amores escondidos vol. 3
Seguindo em frente vol. 4

Amarilis de Oliveira

Além da razão (pelo espírito Maria Amélia)
Do outro lado da porta (pelo espírito Elizabeth)
Nem tudo que reluz é ouro (pelo espírito Carlos Augusto dos Anjos)
Nunca é pra sempre (pelo espírito Carlos Alberto Guerreiro)

Ana Cristina Vargas
pelos espíritos Layla e José Antônio

A morte é uma farsa
Almas de aço
Código vermelho
Em busca de uma nova vida
Em tempos de liberdade
Encontrando a paz
Escravo da ilusão

Ídolos de barro
Intensa como o mar
Loucuras da alma
O bispo
O quarto crescente
Sinfonia da alma

Carlos Torres

A mão amiga
Passageiros da eternidade
Querido Joseph (pelos espírito Jon)
Uma razão para viver

Cristina Cimminiello
A voz do coração (pelo espírito Lauro)
As joias de Rovena (pelo espírito Amira)
Além da espera (pelo espírito Lauro)
O segredo do anjo de pedra (pelo espírito Amadeu)

Eduardo França
A escolha
A força do perdão
Do fundo do coração
Enfim, a felicidade
Um canto de liberdade
Vestindo a verdade
Vidas entrelaçadas

Floriano Serra
A grande mudança
A outra face
Amar é para sempre
Almas gêmeas
Ninguém tira o que é seu
Nunca é tarde
O mistério do reencontro
Quando menos se espera...

Gilvanize Balbino
Cheguei. E agora? (pelos espíritos Ferdinando e Saul)
De volta pra vida (pelo espírito Saul)
Horizonte das cotovias (pelo espírito Ferdinando)
O homem que viveu demais (pelo espírito Pedro)
O símbolo da vida (pelos espíritos Ferdinando e Bernard)
Salmos de redenção (pelo espírito Ferdinando)

Jeaney Calabria
Uma nova chance (pelo espírito Benedito)

Juliano Fagundes
Nos bastidores da alma (pelo espírito Célia)
O símbolo da felicidade (pelo espírito Aires)

Lucimara Gallicia
pelo espírito Moacyr

Ao encontro do destino
Sem medo do amanhã

Márcio Fiorillo
pelo espírito Madalena

Lições do coração
Nas esquinas da vida

Maurício de Castro
Caminhos cruzados (pelo espírito Hermes)
O jogo da vida (pelo espírito Saulo)

Meire Campezzi Marques
pelo espírito Thomas

A felicidade é uma escolha
Cada um é o que é
Na vida ninguém perde
Uma promessa além da vida

Priscila Toratti
Despertei por você

Rose Elizabeth Mello
Como esquecer
Desafiando o destino
Livres para recomeçar
Os amores de uma vida
Verdadeiros Laços

Sâmada Hesse
pelo espírito Margot
Revelando o passado

Sérgio Chimatti
pelo espírito Anele
Lado a lado
Os protegidos
Um amor de quatro patas

Stephane Loureiro
Resgate de outras vidas

Thiago Trindade
pelo espírito Joaquim
As portas do tempo
Com os olhos da alma

**Conheça mais sobre espiritualidade
com outros sucessos.**

 vidaeconsciencia.com.br 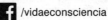 /vidaeconsciencia  @vidaeconsciencia

A hora é
agora!

Viver é uma dádiva maravilhosa. Se você não está feliz, e as coisas não têm dado certo, é hora de mudar e usar seu poder de escolha para construir uma vida melhor.

É simples. Basta você se apoiar e aceitar a vida da forma que é, sabendo que precisa aprender como as coisas são, para poder escolher o que funciona melhor.

Nunca se ponha pra baixo. Os erros são lições naturais do desenvolvimento do Ser e ensinam mais do que tudo. Respeite seus sentimentos e trate-se com amor. Você merece.

Comece já! Chega de sofrer. A HORA É AGORA!

Este e outros sucessos, você encontra nas livrarias e em nossa loja:

www.vidaeconsciencia.com.br/lojavirtual

ZIBIA GASPARETTO

Eu comigo!

"Toda forma de arte é expressão da alma."

Zibia Gasparetto convida você a mergulhar no seu mundo interior. Deixe os problemas de lado, esqueça o negativismo e libere o estresse do dia a dia. Passeie por entre as figuras, inspire-se com cada mensagem e coloque cor em seu mundo. Use suas tonalidades preferidas, libere o potencial criativo que existe dentro de você.

Eu comigo! é um livro para quem quer fugir da rotina e buscar aquela sensação de paz que a arte pode proporcionar. Inspire sua alma com as frases de Zibia Gasparetto criadas especialmente para você e ricamente ilustradas com desenhos encantadores.

Bem-vindo ao seu mundo interior.

www.vidaeconsciencia.com.br

Rua das Oiticicas, 75 — SP
55 11 2613-4777

contato@vidaeconsciencia.com.br
www.vidaeconsciencia.com.br